In dieser Reihe bereits erschienen:

© 2021 Carlsen Verlag GmbH, Völckersstraße 14–20, 22765 Hamburg
Alle deutschen Rechte vorbehalten
»Der Bücherfresser«: Text aus Cornelia Funke,
»Dachbodengeschichte« in der Reihe Leselöwen,
© 1998 Loewe Verlag GmbH, Bindlach
Umschlagillustrationen: Marion Elitez
Lektorat: Aukje Janssen
Lithografie: ReproTechnik Fromme, Hamburg
Gestaltung und Satz: Karin Kröll, Hamburg

ISBN: 978-3-551-22273-2

Carlsen-Bücher gibt es überall im Buchhandel und auf www.lesemaus.de.
Newsletter mit tollen Lesetipps kostenlos per E-Mail: www.carlsen.de

Die schönsten 3-Minuten
Geschichten
für eine gute Nacht

Erzählt von Cornelia Funke, Julia Breitenöder,
Barbara Rose, Luise Holthausen und anderen

Inhalt

Inhalt

Inhalt

Inhalt

Schlafen ist doch langweilig

Erzählt von Tina Blase

Illustriert von Lisa Rammensee

»Mama, heute Abend gehe ich nicht ins Bett«, sagt Antonio. »Ich bleibe wach und spiele die ganze Nacht. Schlafen ist mir zu langweilig.«

Mama wiegt den Kopf. »Schlafen kann aber auch ein richtiges Abenteuer sein. Aufregend und schön und vielleicht sogar ein bisschen gruselig.«

»Wie denn?«

Mama lächelt geheimnisvoll. »Warte noch ein paar Tage, dann zeige ich es dir. Gleich dieses Wochenende«, verspricht sie.

Am Wochenende geht Mama mit Antonio zelten. Mama kennt eine Stelle an einem Fluss. Als es Abend wird, sucht Mama mit Antonio nach trockenen Ästen. Bald brennt ein herrliches Lagerfeuer. Mama gibt Antonio etwas Brotteig, den er um einen Stock wickeln und über das Feuer halten muss. Während das Brot über dem Feuer backt, holt Mama den Nudelsalat aus dem Auto. Antonio hat ordentlich Hunger.

»Heute schmeckt alles so lecker«, schmatzt er glücklich. »Aber Schlafen finde ich immer noch langweilig, Mama.«

»Mmh. Mal sehen«, sagt Mama bloß. Als das Feuer heruntergebrannt ist, bemerkt Antonio, dass es schon langsam dunkel wird. Zum Glück haben sie das Zelt schon am Nachmittag aufgebaut.

»Komm, wir gehen rein, bevor uns die kleinen Vampire ganz leertrinken«, sagt sie.

»Vampire?« Antonio schüttelt sich und kriecht hinter Mama ins Zelt.

Mama und er blasen die Luftmatratzen auf. Jetzt ist es so dunkel, dass sie gar nichts mehr sehen können. Mama holt eine Taschenlampe aus ihrem Rucksack. »Hier, leuchte mir mal«, sagt sie zu Antonio.

Antonio hält die Lampe, bis Mama ihre Betten
gemacht hat. Dann hält Mama die Lampe, damit
Antonio sich ausziehen kann. Das T-Shirt lässt
er an, als er in seinen Schlafsack schlüpft.

»Das ist aber gemütlich«,
freut er sich und kuschelt
sich ein.

Plötzlich hören sie ein Grollen in der Ferne. »Was ist das?«, flüstert
Antonio.

»Oben in den Bergen gewittert es«, sagt Mama.

Antonio rutscht noch etwas tiefer in seinen Schlafsack. Mama macht
die Taschenlampe aus. So im Dunkeln kommen Antonio die Geräusche
draußen plötzlich viel lauter vor. Der Fluss rauscht. Eine Mücke
schwirrt um ihr Zelt. Und dann ist da noch ein anderes Geräusch.
Antonio setzt sich auf. »Hast du das gehört, Mama?«

»Was meinst du?«, murmelt Mama schläfrig.

»Ich glaube, da hat jemand geschrien!«, sagt Antonio aufgeregt.

Mama streichelt ihm über den Rücken. »Ach was, hier ist doch
niemand. Leg dich wieder hin und versuch zu schlafen.«

Aber Antonio ist viel zu aufgeregt, um zu schlafen.

»Da war es wieder!«, ruft er plötzlich. »Hier in der Nähe. Hast du es
jetzt gehört?«

Mama seufzt. »Also gut. Dann müssen wir wohl nachsehen.« Sie krabbelt aus dem Schlafsack und greift nach der Taschenlampe.

»Willst du wirklich rausgehen?«, flüstert Antonio. »Was, wenn es ein Vampir ist?«

»Mit einer kleinen Vampir-Mücke werde ich noch gerade fertig«, sagt Mama. »Und bei allem anderen musst du mir helfen. Kommst du?«

Antonio bekommt eine Gänsehaut. Aber alleine im Zelt bleiben will er auch nicht, also krabbelt er Mama hinterher.

»Bleib mal ganz still stehen«, flüstert Mama.

Regungslos lauschen sie in die dunkle Nacht hinaus. Nur Antonios Herz hält nicht still, es pocht wie wild in seiner Brust.

Da! Wieder hören sie den Schrei und gleich darauf noch einen. Sogar Mama zuckt zusammen.

 Schnell knipst sie die Taschenlampe an. Zwei Paar Augen reflektieren das Licht und dann sehen Antonio und Mama zwei kleine Tiere davonhuschen.

»Füchse!«, lacht Mama. »Diese Räuber haben sich um den restlichen Nudelsalat gestritten.«

Antonio staunt. Tatsächlich, die Schüssel ist umgekippt und der Deckel liegt ein Stück weiter weg. Mama packt schnell alles ins Auto und kriecht dann mit Antonio zurück ins Zelt.

Im Schlafsack ist es schön warm. Antonio fühlt sich mit einem Mal sehr müde. Doch gerade als er in den Schlaf sinken will, hört er draußen wieder ein Geräusch. Diesmal ist es nur das »Huhuuu« eines Nachtvogels. Antonio seufzt. Er ist froh, dass er morgen wieder in seinem Bett schläft. Das ist so schön langweilig.

Die Tierischen Spiele der Gemütlichkeit

Erzählt von Tina Blase
Illustriert von Lisa Rammensee

Lisbeth liegt schon im Bett, als das kleine Faultier Slotti an ihrem Pyjama zupft. »Komm, Lisbeth, wir müssen los.« Lisbeth blinzelt – und steht plötzlich mit Slotti in einem Wald. Mit großen Augen schaut sie sich um. Von überall strömen Tiere herbei. Direkt neben ihnen bricht ein Nashorn aus dem Busch, der ganze Boden wackelt unter seinem Gewicht. Vor ihnen liegt jetzt die große Lichtung. Alle Tiere versammeln sich hier. Sie setzen sich ringsherum an den Rand, die Großen ganz hinten und die Kleinen davor. Slotti schaut seine Freundin nervös an. »Der Kletter-Wettkampf fängt gleich an. Wie sehe ich aus?« Lisbeth streicht dem Faultier über den Kopf und glättet dabei eine abstehende Locke. »Du siehst toll aus, Slotti.«

Slotti trottet in die Mitte der Lichtung, wo jetzt ein Klettergerüst steht. Ein Affe, ein Leopard und eine Ziege warten schon davor. Dann hebt ein Elefant den Rüssel und trompetet eine laute Fanfare.

»TÖ-RÖÖÖT! Willkommen zu den Tierischen Spielen der Gemütlichkeit!«, ruft er. »Ihr alle kennt die Regeln: Der Letzte gewinnt! Je später wir am Ziel ankommen, desto besser. Begrüßt nun unsere ersten Wettkämpfer: die Kletterer!«

Lisbeth feuert Slotti an, der auf das Klettergerüst steigt. »Slotti, Slotti, Slotti!«, hört sie sich selbst und ein paar andere rufen.

Dann trompetet der Elefant wieder. »TÖ-RÖÖÖT!«

Das ist das Start-Zeichen. Der Affe turnt langsam, aber geschmeidig von einer Sprosse zur nächsten. Der Leopard schleicht elegant oben über das Gerüst. Die Ziege kann sich leider nicht bremsen und springt an beiden vorbei. Und Slotti? Das Faultier bewegt sich wie in Zeitlupe vorwärts und scheint zwischendurch fast einzuschlafen.

»Unser Sieger steht fest!«, trompetet der Elefant, als Slottis Gegner allesamt ihr Ziel erreicht haben. »Faultier Slotti gewinnt als bester langsamster Kletterer diesen Wettkampf.«

Stolz setzt Slotti sich kurz darauf neben Lisbeth und zeigt ihr seine Goldmedaille.

»Gut gemacht, Slotti!«, sagt Lisbeth. Gemeinsam schauen sie dem 50-Meter-Lauf zu, an dem auch eine Riesenschildkröte teilnimmt. Sie verliert jedoch gegen die Schnecke, die von allen am langsamsten vorwärtskommt.

Es folgen viele weitere Wettkämpfe und alle dauern ewig. Beim Wettessen bleiben lange zwei Kandidaten übrig: die Kuh, die alles wiederkäut, und die Maus, die nur winzig kleine Bissen nimmt. Weder der Heuhaufen der Kuh noch das Käsestück der Maus werden sichtbar kleiner. Als Lisbeth ein Donnern hört, zuckt sie zusammen. Es war das Nashorn, das gerade umgekippt ist. Jetzt liegt es auf der Seite und schnarcht mit offenem Maul. Überrascht sieht Lisbeth, dass auch viele andere Zuschauer inzwischen eingeschlafen sind.

Da stupst Slotti sie an. »Jetzt kommt der Einschlaf-Wettkampf. Wer zuletzt einschläft, hat gewonnen. Willst du noch immer mit-machen?«

»Auf jeden Fall!«, sagt Lisbeth. »Lange wach bleiben kann ich gut. Das ist doch babyeierleicht.«

Trotzdem ist sie etwas aufgeregt, als sie in die Mitte der Lichtung geht. Dort liegen jetzt ein paar Kissen und Decken für die Teilnehmer des Einschlaf-Wettkampfes. Lisbeth legt sich auf ein großes Kissen. Neben ihr streckt sich ein Hamster aus und schläft sofort ein. Auch der Waschbär hat schon ganz müde kleine Augen. Er blinzelt ein paarmal und lässt die Augen dann geschlossen. Die Eule Glubschi aber sieht wach aus. Sie hockt auf einem eigens für sie aufgestellten Ast.

»Im Rennen sind noch Lisbeth und Glubschi«, verkündet der Elefant mit müder Stimme.

Lisbeth schaut Glubschi an. Ist die Eule mit den riesigen Augen überhaupt echt? Sie bewegt sich ja überhaupt nicht. Lisbeth zählt die Sekunden, bis Glubschi blinzelt. 1, 2, 3, 4 … Sie stopft sich das Kissen unter den Kopf, sodass sie Glubschi ganz bequem beobachten kann. 5, 6, 7, 8 … Das Kissen ist wirklich besonders kuschelig. 9, 10, 11, 12 … Lisbeths ganzer Körper fühlt sich angenehm schwer und warm an. 13, 14, 15 … Da blinzelt Glubschi, aber das sieht Lisbeth nicht mehr. Sie ist eingeschlafen.

Fips ist wach

Erzählt von Julia Breitenöder
Illustriert von Marion Elitez

Fips Fledermaus reibt sich die Augen. Wer ist da so laut? Hat er etwa
verschlafen? Er blinzelt. Es sind seine großen Brüder Flo und Flaps,
die anscheinend etwas wahnsinnig Wichtiges erzählen. Fips lässt seinen Schlafstein an der Höhlendecke los, dreht einen Salto und landet
auf dem Boden. Mama lauscht dem Bericht seiner Brüder. Auch Papa
hört voll konzentriert zu. Was reden die beiden bloß? Fips hüpft näher.
Sonne, Farben, bunte Blumen? Worum geht es da?

»Wir haben soooo viele Abenteuer erlebt!«, ruft Flo. »Das könnt
ihr euch nicht vorstellen.«

Flaps nickt. »Genau! Wir sind flederfertig nach den ganzen
Anstrengungen! Wir müssen jetzt erst mal schlafen.« Er gähnt.

Schlafen? Es wird doch gerade dunkel. Jede normale Fledermaus
ist nachts wach. Die beiden brauchen wohl eine Extrawurst.

»Ihr müsst doch in die Schule«, sagt Fips.

Flaps verdreht die Augen. »Pah, Babykram.«

Und Flo schnaubt: »Du hast keine Ahnung von Tageslichtausflügen!
Da lernt man viel mehr als in der Schule.«

Mama mischt sich ein: »Wer sich heimlich aus der Höhle schleichen
und den Tag zur Nacht machen kann, der
kann auch noch zur Schule gehen.«
Sie guckt streng.

Flaps gähnt ununterbrochen und sieht furchtbar müde aus. Bitte, Mama! Nur heute!«, bettelt er.

Mama seufzt. »Ausnahmsweise. Wenn ihr euch noch mal einen Tag draußen rumtreibt, bleibt ihr wach!«

»Wie ist die Welt, wenn es hell ist?«, fragt Fips.

Seine Brüder gucken sich an. »Ach ... so wie immer. Nur ... bunt«, murmelt Flo schließlich.

»Bunt? Wie sieht bunt aus?«, will Fips wissen.

Flaps hebt die Flügel. »Wie soll bunt schon aussehen? Bunt natürlich! Und jetzt lass uns in Ruhe.«

Fips fliegt zum Abendbrot, poliert danach seine Zähne und macht sich auf den Weg in die Schule. Am Himmel blinken die ersten Sterne, alles ist dunkel und still.

Fips muss immer an das Wort denken: bunt. Wie sieht bunt aus? Wie fühlt es sich an? Ob es nach etwas schmeckt? Aus der Schule kennt Fips Bilder von der Welt am Tag. Aber in echt sieht alles bestimmt ganz anders aus.

Er will auch einen Tag wach bleiben und sich das Bunte mit eigenen Augen ansehen.

Fips kann es kaum erwarten, dass die letzte Schulstunde endet. Auch bei den Kunstflugübungen nach Mitternacht ist er nicht recht bei der Sache. Endlich gibt es Frühstück.

»Guten Tag, schlaf gut«, sagt Mama, als sie Fips an den Schlafstein hängt.

Fips wartet, bis alle sich in ihre Flügel gerollt und die Augen geschlossen haben. Als Opas Schnarchen durch die Höhle tönt, flattert er los.

Draußen ist es hell. Sehr hell! Aua! Fips' Augen tun furchtbar weh, er kneift sie fest zu. So sieht er nicht mehr, wo er hinfliegt.

Bonk! Schon ist er irgendwo gegen geknallt und plumpst zu Boden.

»Da ist ein schwarzes Blatt vom Baum gefallen!«, hört er eine Stimme.

»Seltsam, es ist doch noch gar nicht Herbst«, antwortet jemand.

Fips blinzelt. Jetzt tun seine Augen nicht mehr so weh, aber die Helligkeit blendet. Vor ihm stehen ein Ding mit Flügeln, auf denen viele Farben schillern, und ein grüner Wurm.

»Das ist gar kein Blatt, sondern eine Fledermaus«, sagt das Flügeltier. »Was machst du hier? Du musst doch schlafen.«

»Ja. Äh, nein, heute nicht«, stottert Fips. Dann erzählt er, dass er noch wach ist, um etwas Buntes zu sehen.

»Gehörst du zu den beiden, die gestern hier im Baum geschlafen haben?«, fragt das Flügeltier. Meint es etwa Flaps und Flo?

»Du möchtest etwas Buntes sehen? Dann bist du hier genau richtig«, sagt der Wurm und zeigt auf das andere Wesen. »Etwas Bunteres als diesen Schmetterling gibt es nicht.«

Das also ist ein Schmetterling! Davon hat Fips schon gehört. Und seine Flügel sind bunt? Fips betrachtet die Farben, bis er das Gefühl hat, sie tanzen vor seinen Augen.

»Bunt ist schön!«, sagt er.

Stolz dreht der Schmetterling sich im Kreis. »Wollen wir Verstecken spielen?«, fragt er dann und fliegt los.

Fips flattert hinterher. Der Wurm bleibt am Boden. »Spielst du nicht mit?«, fragt Fips.

»Nein. Raupen können nicht fliegen«, sagt der Wurm, der eine Raupe ist.

Zwischen den bunten Blumen muss Fips lange nach seinem neuen Freund suchen. Als er sich dann hinter einer roten Blüte versteckt, findet der Schmetterling ihn sofort. »Du bist nicht bunt genug«, sagt er.

»Das können wir ändern!«, ruft die Raupe vom Boden.

Wie denn das? Als Fips landet, hat die Raupe schon fünf Freunde zusammengerufen, jeder hat Farbtopf und Pinsel dabei. »Wir sind Malerraupen«, erklären sie und machen sich an die Arbeit.

Es dauert nicht lange, bis Fips von Kopf bis Fuß in Rot, Blau, Gelb, Grün, Lila und Orange angepinselt ist. In einer Pfütze bewundert er sein Spiegelbild. »Ich bin ... bunt!«, ruft er. Das fühlt sich richtig gut an.

Sie spielen Verstecken, bis es dunkel wird.

»Ich muss ins Bett«, verabschiedet sich der Schmetterling.

»Und ich in die Schule«, sagt Fips.

Als er in die Höhle flattert, steht seine Familie gerade auf.

»Wo warst du?«, fragt Mama.

»Wie siehst du denn aus?«, ruft Flaps.

»Ich habe einen Ausflug gemacht«, sagt Fips. »Und ich habe nicht einfach nur draußen ein Nickerchen gemacht, so wie ihr! Ich habe sogar neue Freunde gefunden! Und wie bunt aussieht, weiß ich jetzt auch!«

Lila und die Flirrefatz

Erzählt von Tina Blase
Illustriert von Lisa Rammensee

In der Kita werden heute Fledermäuse gebastelt. Lila und Moni malen mit einer Schablone einen Fledermauskörper auf schwarze Pappe. Dann schneiden sie ihre Fledermäuse aus. Karin, die Erzieherin, muss ihnen fast gar nicht helfen. Jetzt nimmt Moni den weißen Buntstift und malt ihrer Fledermaus ein Gesicht. »Fertig!«, ruft sie stolz.

Lila schaut sich auf dem Tisch um. Alle Fledermäuse sind schwarz mit weißen Gesichtern. Aber Lila mag es bunt. Sie holt sich Papierreste aus der Bastelschublade und klebt lauter bunte Schnipsel auf die Fledermausflügel. Dann holt sie sich die Glitzerstifte und malt ihrer Fledermaus einen grün-rosa Bauch und ein blaues Gesicht. Sie kneift die Augen zusammen. Etwas fehlt noch: ein paar Haare aus roter Wolle.

Moni staunt. »Was machst du da?«, fragt sie Lila. »So sieht doch keine Fledermaus aus.«

»Das ist auch keine Fledermaus, das ist eine Flirrefatz«, erklärt Lila entschlossen.

Am Abend geht Lila ins Bett und schließt die Augen, aber nur ganz kurz. Sie hat etwas gehört. Ist da jemand am Fenster? Neugierig steht sie auf und zieht den Vorhang zur Seite. Tatsächlich. Ein kleines Wesen flattert draußen vor der Scheibe und klopft mit den Flügeln ans Glas. Es hat den Körper einer Fledermaus, aber es schillert so bunt wie ein

Schmetterling mit lauter Glitzerpailletten. Lila zeigt auf den Spalt oben. Das Fenster ist gekippt. Schnell flattert das Wesen zu ihr ins Zimmer. »Wer bist du?«, fragt Lila.

»Ich bin die Flirrefatz«, antwortet das Wesen. »Und heute ist mein Geburtstag. Ich lade dich zu meiner Feier in den Wunderwald ein. Willst du mitkommen?«

Natürlich will Lila das!

»Dann mach die Augen zu und streck die Hand aus«, sagt die Flirrefatz. Lila spürt, wie die Zauberfledermaus auf ihrer Hand landet. Sie muss kichern, denn die Flügel kitzeln etwas. »Schon da! Kannst wieder gucken«, ruft die Flirrefatz.

Lila staunt. Sie steht nicht mehr zu Hause im Kinderzimmer, sondern mitten im Wunderwald. Der ist nicht grün wie ein normaler Wald, sondern schillert in allen Regenbogenfarben. In dem riesigen Baum direkt vor ihr hängen apfelgroße Gummibärchen an den Zweigen und rund um den Stamm windet sich eine superlange Rutsche bis auf den Boden hinab. Plötzlich hält Lila die Luft an: Warum ist der Boden denn so weit unten? Ihre Beine baumeln ja mitten in der Luft! Lila schaut an sich hinunter und sieht, dass sie auf einem fliegenden Kissen sitzt. Und da sind noch mehr fliegende Kissen um sie herum, auf denen die anderen Geburtstagsgäste sitzen. »Das sind meine Wunderwald-Freunde«, erklärt die Flirrefatz vergnügt, die immer noch auf Lilas Hand sitzt. »Leute, sagt mal Hallo zu meiner Freundin Lila!«

»Hallo, schön, dich kennenzulernen!«, sagt eine Katze und nickt vornehm mit dem Kopf. Sie hat lange, lila schillernde Federn an den Ohren und ein rot-orange kariertes Fell.

»Guten Tag! Guten Tag!«, wiehert

ein Esel mit dicker Lockenmähne und rosa Hufen und Flügeln.

Ein Igel sieht ganz normal aus. Doch als er die Pfote hebt und Lila zuwinkt, kann sie kurz seinen Bauch sehen, der von lauter bunten Glitzerschuppen bedeckt ist.

Lila kann sich kaum sattsehen an den Wunderwaldbewohnern. Sie sind so schön buntfröhlich und fellfedrig, weichstachelig und glitzerschuppig. Zusammen singen alle für die Flirrefatz ein Geburtstagslied und dann geht die Party los. Sie spielen Verstecken, gehen im Wald auf Schatzsuche und fliegen auf den Kissen um die Wette. Sie probieren jede einzelne Baumrutsche aus, entdecken versteckte Baumhäuser und pflücken sich zwischendurch Apfel-Gummibärchen direkt vom Baum.

Als es dunkel wird, leuchten überall im Wald Lichter auf. Die Flirrefatz führt ihre Freunde zu einem der Baumhäuser, wo ein gedeckter Tisch mit blauen Nudeln, rosa Soße und leuchtend grünem Pudding auf sie wartet. Nach dem Essen ist die Feier vorbei. Die Wunderwaldbewohner verabschieden sich und fliegen nach Hause.

»Schön, dass du dabei warst, Lila. Ich bring dich wieder zurück«, sagt die Flirrefatz und flattert auf Lilas Hand. Lila weiß ja jetzt schon, wie es geht, und schließt die Augen.

Als sie sie wieder öffnet, liegt Lila zu Hause in ihrem Bett. Es ist Morgen und Papa klappert in der Küche. Die Flirrefatz ist fort, wahrscheinlich zurück in den Wunderwald. Lila lächelt. Sie weiß schon, was sie heute in der Kita alles basteln wird.

Warme Milch für Hase

Erzählt von Tina Blase
Illustriert von Lisa Rammensee

»Ab ins Bett, mein Hase!«, ruft Mama.

»Och nö! Ich will noch nicht schlafen.«
Hase schüttelt den Kopf, dass die Ohren
fliegen. »Erst noch meine Milch, Mama!«

Mama geht in die Küche und öffnet
den Kühlschrank. Keine Milch mehr da!
Papa Hase hat alles für Milchreis
verbraucht.

»Ohne Milch kann ich doch nicht schlafen!«,
jammert Hase.

Mama geht nach draußen und klopft nebenan bei Frau Panda.
»Entschuldigen Sie die Störung, Frau Nachbarin, haben Sie vielleicht
noch etwas Milch? Unsere ist leider aufgebraucht und mein kleiner
Hase trinkt abends so gern warme Milch.«

Frau Panda schüttelt den Kopf. »Tut mir leid, aber ich vertrage keine
Milch. Möchten Sie vielleicht etwas Eukalyptus? Damit kann man einen
herrlichen Tee kochen.«

»Warum nicht, Tee wärmt ja auch den Bauch«, überlegt Mama.
Sie dankt Frau Panda und setzt das Teewasser auf. Bald duftet die ganze
Küche nach Eukalyptus. Mama gibt noch etwas Honig und Zitrone in
den Becher und fertig ist der Schlummertrunk.

Hase schnuppert misstrauisch. Dann tunkt er eine Pfote in den
Becher. Schnell zieht er sie wieder heraus. »Ich mag keinen Tee, Mama!
Tee ist viel zu heiß!«, ruft er erschrocken.

Mama hält Hases Pfote unter kaltes Wasser, bis es besser geht.

»Leg dich schon mal ins Bett, mein Hase«, schlägt sie vor.
»Wir warten einfach, bis der Tee abgekühlt ist, und ich bürste
dir solange die Ohren. Das magst du doch, oder?«

Hase nickt und springt schnell ins Bett. Es ist
schön, wenn Mama seine Ohren bürstet. Ein bisschen
wird Hase davon sogar müde, aber den Tee
möchte er doch noch probieren. Er nimmt ein
Schlückchen nach dem anderen und Mama
bürstet und bürstet und fast nickt Hase weg, als
er plötzlich etwas merkt. »Ich muss Pipi, Mama.«

»Dann hopp, schnell aufs Klo mit dir.«

Hase tapst müde ins Bad, doch als er zurückkommt, sagt er:
»Ich bin wieder ganz wach, Mama. Am liebsten hätte ich jetzt noch
warme Milch!«

»Wir haben leider keine Milch mehr, mein Hase«, sagt Mama und
fährt sich über die Schnurrhaare. »Aber ich hab eine Idee!«

Sie geht ins Bad. Hase hört das Wasser laufen. Schon kommt
Mama zurück, mit einer Wärmflasche in der Pfote. Sie schiebt die
Wärmflasche unter Hases Decke.

»Die Wärmflasche wärmt deinen Bauch genauso gut wie warme
Milch«, sagt Mama. »Gute Nacht, mein Hase.«

Sie gibt Hase einen Kuss und geht dann aus dem Zimmer.

Hase spürt die Wärme an seinem Bauch. Das ist ein gutes Gefühl.
Wohlig schließt er die Augen. Er hört Mama leise in der Küche klappern
und ist schon fast eingeschlafen, als es plötzlich im Flur laut rumst. Papa
Hase ist nach Hause gekommen. Er ist wohl wieder über die Hasen-
stiefel vor der Wohnungstür gestolpert. Hase ist nun wieder hellwach.

»Papa, hast du Milch mitgebracht? Ich kann nicht schlafen!«,
ruft er.

Plötzlich hat Mama sehr schlechte Laune. Sie ärgert sich darüber, dass Papa alle Milch verbraucht und auch noch solchen Krach gemacht hat. Kurzerhand schnappt sie sich ihre Tasche. »Ich gehe noch mal einkaufen!«, sagt sie. »Wir haben keine Milch mehr und ohne die kann Hase nicht einschlafen!« Damit knallt sie die Tür – obwohl Hase davon noch wacher wird – und weg ist sie.

Als Mama Hase später vom Einkaufen zurückkehrt, ist alles ruhig. Auf Zehenspitzen tapst sie ins Hasenzimmer. Und was sieht sie da? Papa Hase liegt neben Hase im Bett – mit den schmutzigen Hinterpfoten! – und beide schlafen. Hase hat es also doch ohne seine Milch geschafft. Mama Hase lächelt. Dann zieht sie die Decke zurecht, schleicht in die Küche und wärmt sich selbst eine Tasse Milch auf.

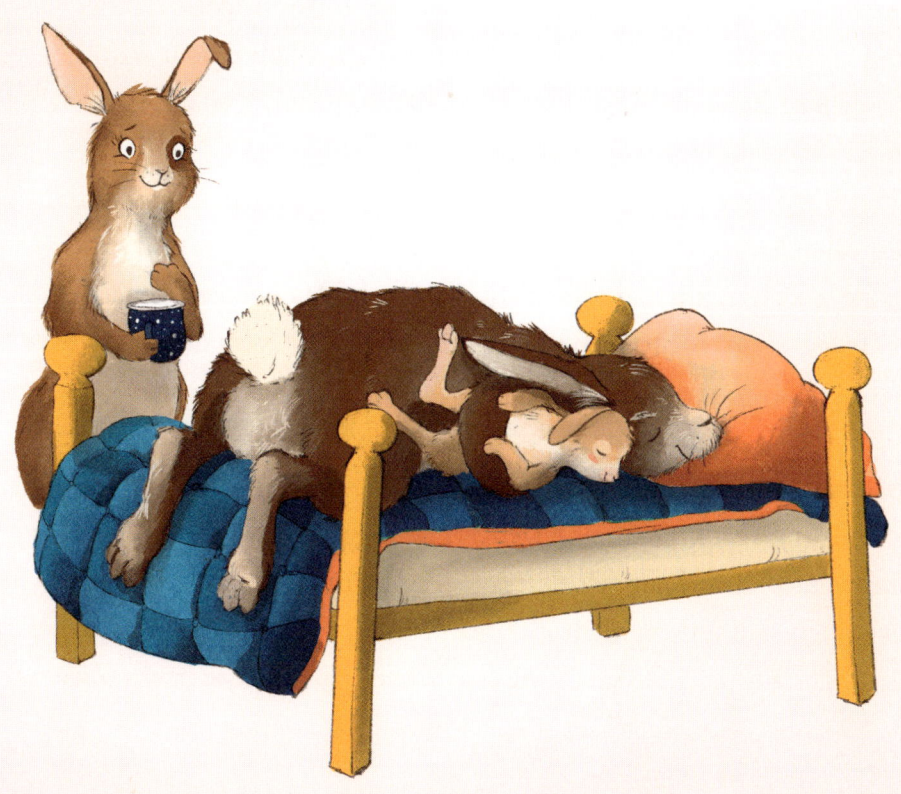

Das Pferd aus dem Zauberwald

Erzählt von Luise Holthausen
Illustriert von Sabine Legien

Am liebsten spielte Prinzessin Elli in dem Wald, der neben dem
Königsschloss lag. Sie nannte ihn den Zauberwald.

Eines Tages fand sie dort auf einer
Lichtung ein mageres kleines Fohlen. Es
zitterte und wieherte kläglich.

»Armes Pferdchen, bist du ganz
hungrig und allein?«, fragte Elli voller Mitleid.
»Komm mit mir zum Schloss, ich sorge für dich.«

Wieder wieherte das Fohlen, diesmal voller Freude. Sofort
folgte es Elli zurück zum Schloss.

Mehrmals am Tag fütterte Elli das Fohlen nun mit der Flasche,
bis es Heu und Gras fressen konnte. Bald wuchs es zu einem wunder-
schönen Pferd heran. Elli nannte es ihr Zauberpferd, weil sie es in
ihrem Zauberwald gefunden hatte.

Eines Tages geriet die Prinzessin mit ihrem Vater, dem König, in
einen großen Streit. Prinzessin Elli war nämlich nicht nur tierlieb und
gutherzig, sondern auch ziemlich dickköpfig. »Das hat sie von ihrem
Vater«, pflegte ihre Mutter, die Königin, zu sagen. Denn der König war
zwar ebenfalls ein freundlicher und gutherziger Mensch, aber wenn ihm
jemand widersprach, konnte er sehr wütend werden. Und Prinzessin
Elli widersprach ihm dauernd.

An diesem Tag widersprach sie ihm so lange, bis der König brüllte:
»Schluss jetzt! Du bekommst eine Woche Zimmerarrest!«

»Aber ich will auf meinem Zauberpferd reiten!«, brüllte Elli zurück.
Doch der König ließ sich nicht erweichen. Elli musste in ihr Zimmer

gehen. Und damit sie nicht weglief, stellte er ihre Kammerzofe als Auf-
passerin vor die Tür.

»Dann klettere ich eben aus dem Fenster«, sagte Elli wütend zu
sich selbst. Aber als sie nach draußen schaute, bekam sie Herzklopfen.
Ihr Zimmer lag ganz oben unter dem Dach des Schlosses und an der
Schlossmauer gab es nichts zum Festhalten. Wie sollte sie denn da
hinunterkommen? Sie konnte doch nicht fliegen.

Ein Wiehern ertönte. Elli wandte den Kopf. Was war das? Ihr
Zauberpferd kam direkt auf sie zugeschwebt, mit zwei schimmernden
Flügeln auf dem Rücken.

»Du bist ja wirklich ein Zauberpferd!«, rief Elli.

Das Pferd schnaubte fröhlich und nickte.

Rasch kletterte Elli aufs Fensterbrett und von dort auf den Rücken
ihres Freundes. Sie schlang die Arme um seinen Hals. »Flieg, mein
Pferdchen, flieg!«, rief sie.

Und das Pferd breitete seine Flügel aus und flog mit ihr zum
Zauberwald. Als es dort auf einer Lichtung gelandet und Elli von
seinem Rücken gerutscht war, faltete das Zauberpferd seine Flügel
wieder zusammen. Schon waren sie verschwunden und das Zauberpferd
sah aus wie ein ganz normales Pferd. Elli staunte.

Auf einmal drangen laute Rufe an ihr Ohr.
»Elli, wo bist du?« Das war ihr Vater!

»Schnell, wir verstecken uns«, flüsterte Elli und führte das Zauberpferd hinter einen dichten Busch.

»Es tut mir leid, Elli«, hörte sie den König weitersprechen. »Ich war
wütend und deshalb ungerecht. Wo bist du, Elli?«

»Ich bin hier, Vater!«, rief Elli, sprang hinter dem Busch hervor
und fiel dem König in die Arme.

Ihr Vater war erleichtert, dass er seine Prinzessin so schnell wieder-
gefunden hatte. Elli war auch froh. »Worüber haben wir uns eigentlich
gestritten?«, fragte sie. Das hatte sie nämlich längst vergessen.

Der König musste gestehen, dass er es auch nicht mehr wusste.
Dann war es doch wirklich besser, sie vertrugen sich wieder!

»Aber nun sag mir«, bat der König neugierig, »wie bist du aus
deinem Zimmer herausgekommen?«

Doch das wollte Elli nicht verraten. »Das bleibt mein Geheimnis«,
rief sie. Und das Zauberpferd wieherte.

Schafsgewitter

Erzählt von Marie Wolgast
Illustriert von Liliane Oser

Das kleine Schaf liebte den Regen. Während
die anderen Schafe sich meckernd und blökend
in den Stall drängelten, sobald die ersten
Tropfen vom Himmel fielen, tobte das kleine
Schaf ausgelassen über die Weide.

In riesigen Sätzen hüpfte es von einer Pfütze in die nächste, wälzte
sich im Matsch und versuchte so viele Regentropfen mit der Zunge
einzufangen, wie einem Schaf nur möglich war. Und das Allerbeste an
diesen Regentagen – das kleine Schaf hatte die ganze Weide für sich
allein. Und um so ganz allein auf der großen Weide zu sein, musste man
eigentlich schon ein ziemlich großes Schaf sein, dachte es stolz.

Als es an einem dieser wundervollen Regentage schließlich Abend
wurde, trabte das eigentlich schon ziemlich große Schaf erschöpft
nach Hause.

Es war klatschnass und ein bisschen kalt war ihm
auch, und so kam ihm der warme Stall sogar noch
ein klitzekleines bisschen wärmer und gemütlicher
vor als sonst. Mit einem zufriedenen Seufzen
kuschelte sich das eigentlich schon ziemlich
große Schaf zwischen seine Mama und
seinen Papa und ließ die schweren Augen
zufallen. Dann lauschte es auf das sanfte
Trommeln der Regentropfen auf dem Dach.
Das war sein liebstes Schlaflied. Ja, das
kleine Schaf liebte einfach alles am Regen.

Aber was war denn das? Erschrocken stellte das kleine Schaf die Öhrchen auf. Aus weiter, weiter Ferne hörte es ein Grummeln, ein Rumpeln – und dann ein richtig lautes Donnern! Und war es da nicht gerade ganz plötzlich hell geworden? Mit einem Mal kam sich das kleine Schaf gar nicht mehr so groß vor und es schmiegte sich noch fester an seine Mama.

»Was hast du denn, mein kleines Schaf?«, murmelte Mama Schaf leise. »Das ist doch nur ein kleines Gewitter.«

»Weißt du, woher das Gewitter kommt?«, fragte Papa Schaf. Mit großen Augen schüttelte das kleine Schaf den Kopf. Und so fing Papa Schaf an zu erzählen:

»Manchmal wird es den Schlafschafen im Himmel ein bisschen langweilig, während sie darauf warten, dass die Kinder zum Einschlafen mit dem Schäfchenzählen anfangen. Dann wollen sie unbedingt wissen, welches von ihnen wohl das schnellste Schlafschaf ist. Und wie könnte man das besser herausfinden als mit einem Wettrennen? Also stellen sie sich alle an der Startlinie auf, das Schiedsschaf gibt das Kommando – Auf die Plätze! – Fertig! – LOS! – und alle Schlafschafe galoppieren gleichzeitig davon. Ihre Hufe donnern über die Wolken, und hin und wieder ist ein Schlafschaf so schnell, dass seine Hufe Funken schlagen! So laufen sie Runde um Runde um Runde um die Wette, bis schließlich ein Gewinner feststeht – das schnellste Schlafschaf von allen.

Wenn du also den Donner hörst und die Blitze über den Himmel zucken, dann weißt du, mein kleines Schaf, dass die Schlafschafe gerade wieder eines ihrer großartigen Wettrennen veranstalten.«

Das kleine Schaf hatte der Geschichte von Papa Schaf gespannt zugehört, aber jetzt konnte es seine Augen einfach nicht mehr offen halten. Draußen grollte der Donner und der Regen prasselte noch immer auf das Dach, aber im Stall war es warm und weich und gemütlich.

Ich glaube, ich mag das Gewitter fast genauso gern wie den Regen, dachte das kleine Schaf noch, bevor es einschlief und vom nächsten Tag auf der großen Weide träumte.

Hundemüde

Erzählt von Karoline Hahnfeld
Illustriert von Lisa Rammensee

Mama war zum Bolzplatz gekommen, um ihn abzuholen. Felix ließ den Kopf hängen und schmollte ein bisschen. Sie waren gerade mitten im Spiel gewesen und seine Mannschaft so kurz vorm Gewinnen.

»Ein nächstes Mal, Felix«, sagte seine Mama tröstend. »Gleich gibt es Abendessen. Außerdem wartet zu Hause eine Überraschung auf dich.«

»Eine Überraschung? Was für eine Überraschung?«, fragte Felix neugierig, während er mit Mama die Straße überquerte.

»Tante Anna hat sich leider das Bein gebrochen. Jetzt hat sie uns gebeten, für die nächsten Wochen nach ihrem Hund Bruno zu sehen, während sie es nicht kann. Ich habe ihn vorhin abgeholt.«

Felix war ganz aus dem Häuschen. Er hatte schon viele Bilder von Bruno gesehen, aber ihn bis jetzt noch nicht kennengelernt. »Heißt das, Bruno wohnt jetzt bei uns?«, fragte Felix aufgeregt und Mama antwortete: »Ja, Bruno wohnt übergangsweise bei uns. Aber sobald Tante Anna wieder fit ist, wird sie ihn wieder zu sich holen.«

Als die beiden zur Haustür hineingingen, wurden Felix und seine Mama von zwei großen dunklen Hundeaugen angeschaut. Felix lief sofort zu Bruno, der jetzt vertrauensvoll schwanzwedelnd zu ihm aufblickte.

»Du bist also Bruno. Ich bin Felix«, stellte Felix sich dem kleinen braunen Hund vor. Der setzte sich auf den Boden und begann Felix' Hand abzuschlecken.

»Anscheinend mag Bruno dich«, lachte Papa, der gerade eine Lasagne in den Ofen geschoben hatte.

Felix streichelte den jungen Hund vorsichtig und Bruno schien das zu genießen. Er legte sich hin und rollte sich auf den Rücken. Bis das Abendessen fertig war, durfte Felix mit dem kleinen Hund im Garten spielen. Die beiden tollten herum und spielten mit einem Ball. Bruno bellte Felix ausgelassen an.

Nach dem Essen war es spät geworden. Felix wollte von seinen Eltern alles über Hunde wissen und Bruno wich ihm nicht mehr von der Seite.

Nach einigen Überredungskünsten durfte Felix zusammen mit Bruno im Kinderzimmer schlafen. »Nur bitte nicht im Bett«, hatte Mama noch hinterhergerufen.

Beim Zähneputzen stand Bruno neben Felix und schaute gierig auf die Zahnpasta. Ob er Bruno wohl auch die Zähne putzen sollte? Gab es spezielle Hunde-zahnbürsten? Felix quetschte probeweise einen klitze-kleinen Klecks Zahnpasta auf seinen Finger und hielt ihn Bruno hin. Der schnupperte, leckte den Klecks ab, fuhr sich mehrfach mit der Zunge über die Zähne und die Schnauze und wirkte eher enttäuscht. Einen zweiten Klecks lehnte Bruno ab, indem er das Badezimmer verließ.

Auf Felix' Bett lag sein Schlafanzug und den fand Bruno besonders interessant. Er machte es sich auf dem Bett gemütlich, steckte seine Nase tief in den Kragen und schnüffelte wie verrückt, bis Felix ihm den Schlafanzug endlich abnehmen konnte. Obwohl Felix hundemüde war, dachte Bruno gar nicht ans Schlafen. Er tollte auf dem Bett herum und krabbelte immer wieder unters Bett. Dann kam er wie ein Blitz unterm Bett hervorgeschossen und lief im Kreis, um seinen eigenen Schwanz zu fangen. Immer wenn Felix gerade beinahe eingedöst war, sprang Bruno wieder auf und schleckte Felix' Füße ab oder kletterte auf das Bett und auf ihn drauf. »Du bist ein Wirbelwind«, stellte Felix missgelaunt fest.

Weder Befehle noch freundliches Zureden halfen. Bruno war einfach zu aufgedreht. Verschlafen tapste Felix ins Schlafzimmer zu Mama.

»Kannst du etwa nicht schlafen?«, fragte sie.

»Bruno lässt mich nicht schlafen. Er will die ganze Zeit nur spielen.« Felix rieb sich die Augen.

»Hier ist ja auch alles neu und aufregend für ihn. Kein Wunder, dass er nicht zur Ruhe kommt. Ich komme in ein paar Minuten hoch und nehme ihn mit nach unten. Dann gehe ich gleich noch mal eine Runde mit ihm spazieren. Vielleicht bringt ihn das runter.«

Das wäre wohl am besten, dachte auch Felix. Er ging zurück ins Kinderzimmer, wo Bruno brav auf dem Teppich vor dem Bett auf ihn gewartet hatte. »Bis Mama dich holen kommt, könnten wir ja noch ein Buch anschauen« schlug Felix vor und Bruno gab ein zustimmendes Knurren von sich.

Felix holte das dicke Märchenbuch aus dem Regal. »Komm, wir schauen uns das Märchen von den Bremer Stadtmusikanten an. Da kommt doch auch ein Hund vor.« Er setzte sich auf den Boden zu Bruno und begann vorzulesen. »Es hatte ein Mann einen Esel ...«

Als Mama eine Viertelstunde später mit Jacke und Hundeleine in der Hand ins Kinderzimmer schaute, staunte sie nicht schlecht. Friedlich aneinandergekuschelt lagen dort Felix und ein laut schnarchender Bruno auf dem flauschigen Kinderzimmerteppich. Mama deckte Felix mit seiner Decke zu und löschte das Licht. »Gute Nacht, ihr zwei Schnarchnasen«, flüsterte sie lächelnd und schloss leise die Tür.

Besuch vom kleinen Kaputterich

Erzählt von Tina Blase
Illustriert von Lisa Rammensee

Am Abend bekommt Joshi oft Besuch vom Kaputterich. Der Kaputterich ist ein Kobold, ziemlich klein, aber sehr wild und erstaunlich stark. Er wohnt draußen im Baum vor Joshis Fenster. Deswegen klingelt er auch nie an der Tür, sondern springt durchs Fenster direkt ins Kinderzimmer. Pass auf, da kommt er wieder: Er landet einmal kurz auf dem Boden und hüpft gleich weiter, direkt in Joshis Arme.

»Guten Abend, mein Freund!«, ruft er und seine Augen blitzen vor Schabernack. »Kitzelattacke!« Er pikst Joshi in den Bauch und kitzelt ihn so richtig durch. Joshi muss so sehr lachen, dass seine Knie weich wie Pudding werden. Er plumpst zu Boden und rollt sich mit dem Kaputterich über den Teppich. Sie raufen und balgen und habe jede Menge Spaß, doch ganz plötzlich bekommt der Kaputterich schlechte Laune. »Autsch, mein Knie! Du bist mir draufgetreten!«, zetert er.

Joshi schüttelt den Kopf. »Ich hab gar nichts gemacht! Ich glaube, du hast dich bloß irgendwo gestoßen«, sagt er.

Doch der kleine Kobold will davon nichts hören. Er wirft sich auf den Bauch und trommelt mit Füßchen und Fäustchen eine wilde Musik auf den Boden. Manchmal beruhigt sich der Kaputterich wieder, wenn Joshi ihm vorsichtig über den Rücken streicht. Aber heute nicht. Heute schnappt er sich ein Kissen und pfeffert es in Joshis Legoburg. KRACKS, bricht ein Stück der Mauer ab. Gleich danach schubst der Kaputterich auch noch den Bauklotzturm um. BADAM, machen die Holzklötze, als sie auf den Boden poltern.

»Herrlich, dieser Lärm!«, freut sich der Kaputterich und tanzt durch Klötze und Steine.

Joshi stampft mit dem Fuß auf. »Stopp! Du hilfst mir jetzt aufräumen!«, ruft er. Aber der Kobold kichert nur und versteckt sich unter Joshis Bett. »Na warte!«, knurrt Joshi und angelt mit dem langen Schuhlöffel nach ihm.

Da flitzt der Kaputterich an Joshi vorbei. »Fang mich doch!«

Jetzt geht sie los, die wilde Jagd durch alle Zimmer. In der Küche poltern die Töpfe aus dem Regal zu Boden. Im Schlafzimmer fliegen Decken, Kissen und Mamas Klamotten durch die Luft. Im Zimmer von Joshis Schwester Lene aber wird der Kobold auf seinem Zerstörungszug kurz gestoppt. Lene versperrt den Weg. »Mama!«, ruft sie. »Der Kaputterich ist wieder los!«

Kichernd springt der kleine Kobold ins Wohnzimmer und versteckt sich zwischen den Sofakissen. Joshi lässt sich neben ihn fallen. Er ist ganz außer Atem. So eine Verfolgungsjagd ist anstrengend! Auch der Kaputterich ist für einen Moment still.

Da kommt Mama. Sie setzt sich neben Joshi und hält ihn im Arm, bis er wieder ruhig atmet. Dann schubst sie ihn vom Sofa. »Höchste Zeit zum Zähneputzen.«

Da meldet sich der Kaputterich wieder. »Och nö, warum!«, murrt er, aber Mama scheucht ihn mit Joshi zusammen ins Bad.

Eine Weile bleibt er friedlich, doch mitten beim Zähneputzen springt der kleine Kobold auf Joshis Schulter und flüstert: »Wollen wir ein Bild auf den Spiegel malen? Einen Schneemann aus Zahnpasta?«

Das muss Joshi natürlich sofort ausprobieren. »Wow, der ist aber gut geworden!«, staunt er.

»Gar nicht gut!«, schimpft Mama, die in dem Moment hereinkommt. »Was diesem Kaputterich alles einfällt! Das ist ja zum Mäusemelken!«

Joshi muss einen Lappen nehmen und den schönen Schneemann wieder wegwischen. Das ist schade und außerdem schwer, denn die Zahnpasta will nicht abgehen und der Schneemann wird immer größer.

»Total ungerecht!«, mault Joshi. Schließlich ist es nicht mal seine Idee gewesen, sondern die vom Kaputterich. Der aber kichert bloß und murmelt: »Mäusemelken, das will ich gerne mal ausprobieren.«

Joshi seufzt. Ja, er findet es auch nicht immer einfach mit dem Kaputterich, manchmal schafft der kleine Kobold ihn ganz schön.

Doch als Joshi dann im Bett liegt und Papa endlich eine Geschichte vorliest, fängt der Kaputterich an, in Joshis Ohr zu schnurren. Rrrrrr. Einmal lacht er zusammen mit Joshi, aber sonst liegt er ganz still da und hört zu. Ein kleines bisschen quengelt der Kaputterich noch, als Papa das Licht löscht. »Menno, so kurz!«

Doch dann, genau bevor Joshi die Augen schließt, winkt der Kobold zum Abschied und hüpft durchs Fenster wieder nach draußen, in die Nacht hinaus.

Max und der Wackelzahn

Erzählt von Christian Tielmann
Illustriert von Sabine Kraushaar

Max und seine Freundin Pauline spielen Monster. »Ruhe!«, ruft Felix, der große Bruder von Max. »Ihr macht ja ein Geschrei, dass die Wände wackeln!«

»Quatsch! Bei mir wackelt höchstens ein Zahn!«, sagt Pauline.

Max darf ganz vorsichtig in Paulines Mund fühlen. Da ist tatsächlich ein Zahn locker.

»Das kommt von eurem Geschrei«, sagt Felix. »Wenn ihr so weiterschreit, fallen euch alle Zähne aus!«

Als Max mitten in der Nacht aufwacht, weil er von wilden Monstern mit riesigen Zähnen geträumt hat, merkt er, dass auch bei ihm ein Zahn wackelt. Der linke Schneidezahn unten sitzt nicht mehr ganz fest! Was, wenn Felix recht hat? Vielleicht haben er und Pauline doch ein bisschen zu laut geschrien? Fallen jetzt alle seine Zähne aus?

Vorsichtshalber weckt Max seine Eltern. »Wir müssen sofort zum Zahnarzt! Der muss meinen Zahn wieder festkleben«, sagt Max.

»Den muss man nicht festkleben.« Papa gähnt. »Das ist ganz normal in deinem Alter. Deine Milchzähne fangen jetzt an zu wackeln und fallen aus, damit du Platz im Mund hast für die neuen, bleibenden Zähne.«

»Kann ich nicht meine alten Zähne behalten?« Max ist mit seinen Zähnen eigentlich ganz zufrieden.

»Die bleibenden Zähne sind größer und außerdem sind es mehr«, sagt Papa.

»Heute Morgen hat mir ein riesiges Monster einen Zahn ausgeschlagen!«
Pauline grinst. Und Max staunt. Der Schneidezahn, der gestern noch
gewackelt hat, ist weg. Aber auf die Monstergeschichte von Pauline fällt
Max natürlich nicht herein – es war ja nur ein Milchzahn.

Mit der Zahnlücke darf Pauline das Obermonster spielen. Max
findet es ein bisschen unfair, dass Pauline schon eine Zahnlücke hat und
er noch immer an seinem Zahn rumwackelt. Er drückt mit der Zunge
und mit einem Finger gegen den Wackelzahn. Aber es ist nichts zu
machen: Der Zahn will einfach nicht raus.

»Ich kann ihn mit der Zange ziehen«, schlägt Felix vor. »Wir
könnten es mit der Kneifzange probieren.« Auf so einen Blödsinn fällt
Max garantiert nicht herein. »Oder du hüpfst auf einem Bein rückwärts
um den Esstisch und rufst dabei: ›Wackelpudding, Wackelpudding!‹
Schon nach fünfzig Runden ist der Zahn draußen.«

»Das ist doch alles Quatsch!«, sagt Pauline. »Bei Wackelzähnen
muss man einfach abwarten, bis sie ausfallen.«

»Zähneputzen nicht vergessen!«, ruft Mama am Abend.

Aber wenn die Milchzähne sowieso alle ausfallen, dann braucht
er sie auch nicht mehr zu putzen, findet Max. »Ich spül sie ab, wenn
sie ausgefallen sind«, schlägt er vor.

»Kommt nicht infrage!«, sagt seine Mutter. »Du musst auch deine
Milchzähne noch putzen, sonst gehen sie kaputt!«

Ein paar Tage später hat Max einen Termin bei
Frau Dr. Kraft, der Zahnärztin.

Max muss den Mund ganz weit aufsperren, damit Frau Kraft seine Zähne untersuchen kann.

»He, da wackelt ja schon einer!«, freut sich Frau Kraft, als sie den Wackelzahn entdeckt. Sie nimmt einen kleinen Spiegel und betrachtet damit auch die Rückseite der Zähne. »Deine Zähne sind gesund, Max. Du musst sie auch weiter gut putzen, damit das so bleibt.«

Auf dem Rückweg vom Zahnarzt wackelt Max die ganze Zeit an seinem Wackelzahn herum. Und als der Bus über einen Hubbel fährt, passiert es: Plötzlich ist der Zahn raus! Max spürt ihn auf der Zunge und holt ihn vorsichtig aus dem Mund. Es blutet ein bisschen, aber nicht viel.

»Hurra!«, ruft Max und zeigt seinem Vater stolz den Milchzahn.

»Wir müssen unsere Zähne sammeln!«, sagt Max.

»Genau! Das sind unsere Monsterzähne.« Pauline nickt begeistert. »Am besten basteln wir eine Monsterzahnschachtel, damit wir sie nicht verlieren.«

Während sie zwei Streichholzschachteln bekleben und anmalen, rutscht Max mit der Zunge in seine nagelneue Zahnlücke. Das fühlt sich seltsam an.

»Wann kommt denn endlich der neue Zahn?«, fragt Max.

»Meiner ist schon da«, sagt Pauline.

Tatsächlich guckt bei ihrer Zahnlücke schon der neue Zahn raus. Aber bei Max ist noch nichts zu sehen. Ob nun doch eine Zahnlücke bleibt?

»Es dauert höchstens ein paar Tage, bis du etwas Weißes sehen kannst«, beruhigt ihn seine Mutter. »Als Nächstes wackeln die restlichen Schneidezähne, dann die vorderen Backenzähne und die Eckzähne«, sagt Mama. »Und ganz zum Schluss kriegt ihr die neuen hinteren Backenzähne.«

»Das kann ja noch bis Weihnachten dauern, bis wir mit unseren Wackelzähnen fertig sind!«, stöhnt Pauline.

Mama lacht. »Noch viel länger! Das neue Gebiss mit den bleibenden Zähnen ist erst in etwa sieben Jahren fertig.«

»Das ist ja super!«, ruft Max. »Dann haben wir sieben Jahre lang Zahnlücken wie richtige Monster?«

»Die habt ihr«, sagt Max' Mutter. »Und außerdem habe ich noch eine kleine Wackelzahn-Überraschung für euch.«

»Juhu, zwei neue Obermonster!«, ruft Max so laut, dass die Wände und die Milchzähne in den Schachteln wackeln.

Der kleine Wolf, der husten musste

Erzählt von Moritz Eidechser
Illustriert von Anja Reichel

Das Dumme war, dass sich der kleine Wolf erkältet hatte. Nachts, wenn die großen Wölfe den Vollmond anheulten, wäre er so gern dabei gewesen. Aber ein kleiner Wolf und noch dazu mit Husten? Unmöglich!

Der Vollmond nahm schon ab, da stahl sich der kleine Wolf nachts trotzdem heimlich aus dem Bett. Er trottete mit schweren Beinen durch den schaurigen Mondwald, der lange tiefe Schatten warf. Auf einmal hörte er das Heulen. Es ging ihm durch Mark und Bein. Aber der kleine Wolf lief weiter.

Da sah er die Wölfe. Sie standen wie Eisgespenster da, hoch oben auf einem Hügel. Aber der kleine Wolf lief weiter. Er hatte den Husten völlig vergessen, so gruselig schien ihm die Nacht.

den großen heulenden Wölfen. Der kleine Wolf war sehr stolz, dass er immer weitergelaufen war und kein einziges Mal gehustet hatte. Er hob den Kopf zum Mond auf, um ihn so wie die großen Wölfe aus voller Kehle anzuheulen. Es sollte sehr erschreckend klingen.

Doch dann, auf einmal, ganz plötzlich, musste der kleine Wolf doch wieder husten. Das hallte so gruselig erschreckend und so gespenstisch durch die Nacht, dass die großen Wölfe davonstoben. Und beinahe hätte der kleine Wolf wieder allein im Mondlicht gestanden und sich schrecklich gefürchtet. Wären nicht zwei Wölfe stehen geblieben, die den kleinen Wolf an seinem Husten erkannt hatten.

»Mama! Papa!«, rief der kleine Wolf und verschluckte sich beinahe, so froh war er, sie zu sehen. Und während der kleine Wolf, links Papa, rechts Mama, durch den Wald zurücklief, dachte er heimlich und stolz, wie mutig er gewesen war: Er hatte sogar die Großen verjagt.

Vollmondparty auf dem Bauernhof

Erzählt von Katharina E. Volk
Illustriert von Frauke Weldin

In dieser Nacht schien der Vollmond. Der Bauer und die Bäuerin waren bald nach dem Abendbrot ins Bett gegangen und schliefen friedlich. Der Bauer schnarchte, und die Bäuerin träumte vom Hefezopf, den sie am nächsten Tag backen wollte. Doch draußen auf dem Hof rührte sich etwas. Hier sah man jemanden über den Hof huschen und dort sah man jemanden im Mondlicht hüpfen. Dann hörte man ein lautes Plätschern.

Die Frösche waren in dieser Vollmondnacht putzmunter. Sie waren aus dem Teich aufgetaucht und auf ihre Seerosenblätter gesprungen. Jetzt holten sie tief Luft und quakten los: Sie sangen ein Mitternachtsliedchen und spielten dazu auf ihren Grashalmgeigen!

Die Hühner hüpften von der Stange und die Gänse und Enten watschelten auf den Hof. »Könnt ihr auch nicht schlafen?«, gackerten die Hühner.

»Nö«, schnatterten die Enten und Gänse. »Wir sind hellwach.«

Auch der Hund kam aus seiner Hundehütte gekrochen. »Wuff«, sagte er. »Was macht ihr denn alle hier?«

»Wir können nicht schlafen!«, grunzte ein Schwein, das gerade aus dem Stall gekommen war.

Und wer trabte da von der Wiese herbei? Das Pferd und die Kuh waren auch wach! Ihre Hufe klapperten, als sie über den Hof liefen.

»Und was machen wir jetzt?«, muhte die Kuh.

Die Frösche sangen:

>»Was wird in einer Vollmondnacht
>
>auf dem Bauernhof gemacht?
>
>Es wird gefeiert, dass es kracht,
>
>bis jedes Tier vor Freude lacht!«

Da reichte der Hund einem Schwein die Pfote und sie tanzten über den Hof, dass die Schlappohren nur so flatterten und das Ringelschwänzchen sich ringelte.

»Hui!«, quiekte das Schwein mit leuchtenden Augen.

Hühner, Enten und Gänse schunkelten und das Pferd klapperte mit den Hufen den Takt. Da hatte die Kuh eine verrückte Vollmond-Idee.

»Heute Nacht will ich Trecker fahren!«, rief sie.

»Eine Kuh kann doch nicht Trecker fahren!«, wunderten sich alle.

»Ich kann es doch wenigstens mal probieren!«, muhte die Kuh und
lief zur anderen Hofseite, wo der Trecker stand. Umständlich kletterte
sie hinauf.

Leider waren die Hinterbeine der Kuh zu kurz fürs Gaspedal. Aber
die anderen Tiere schoben an – eine ganze Runde über die Wiese! Und
die Kuh muhte und lachte, bis sie beinahe vom Trecker fiel.

»Das war eine feine Vollmondparty«, seufzten die Tiere zufrieden,
als sie wieder auf dem Hof ankamen. Jetzt waren sie wirklich
müde geworden. Alle trabten, krochen und watschelten zu ihren
Schlafplätzen.

Am nächsten Morgen
wunderten sich der
Bauer und die Bäuerin
sehr: Die Tiere waren
sonst immer bei Sonnen-
aufgang wach. Nur heute schliefen alle tief und fest, obwohl die Sonne
schon hoch am Himmel stand.

Die Wunderkekse

Erzählt und illustriert von
Katja Mensing

Es war einmal eine Königstochter, die hieß Mia. Mia hatte keine Geschwister, aber sie hatte eine eigene Kammerzofe. Die Kammerzofe war ihre Spielgefährtin. Außerdem passte sie immer gut auf, dass Mia so fein aussah, wie es sich für eine Prinzessin gehörte.

An einem Wintertag musste die Kammerzofe Besorgungen für das Weihnachtsfest machen. Das Königspaar hielt Mittagsruhe und Mia war allein in ihrem Zimmer. Plötzlich hörte Mia ein Geräusch: War das ein Schluchzen?

Kreuz und quer durchs Schloss ging Mia dem Geräusch nach. In der Küche saß ein Junge und schluchzte. »Wer bist du und warum weinst du?«, fragte sie.

»Ich bin Piet, der neue Küchenjunge«, sagte der Junge. »Ich sollte für den Koch Weihnachtskekse backen. Doch ich habe geträumt, darum sind die Kekse im Ofen verbrannt. Der Koch wird furchtbar böse sein.«

»Ich habe noch nie Kekse gebacken«, sagte Mia da, »aber vielleicht kann ich dir trotzdem helfen, neue zu machen.«

Dass Mia ihm helfen wollte, freute Piet sehr. Er zeigte Mia, wie man die Zutaten abwog. Als sie den Teig knetete, rief sie überrascht: »Das ist aber ein lustiges Gefühl an den Händen!« Nach dem Kneten rollten Piet und Mia den Teig aus. »Der ausgerollte Teig sieht aus wie ein Kamel«, lachte Piet. Dann stachen sie die Kekse aus. Als runde Form ließ sich Mias Krone prima benutzen.

Als das Blech voll war, schoben sie die Kekse in den Ofen. Dieses Mal passten sie aber gut auf, dass sie nicht verbrannten. Zum Schluss

verzierten sie die Kekse noch schön. »Sie schmecken«, strahlte Mia. »Oho, sie schmecken sogar wunderbar. Es sind richtige Wunderkekse«, rief Piet vergnügt. Die Kekse schmeckten beiden so gut, dass sie den Koch vergaßen und alle wegknabberten.

Als der Koch in die Küche kam, wurde er sehr böse. Mia erkannte er gar nicht, so ohne Krone und voller Mehlstaub. Er packte die beiden und schleppte sie zum König. »Diese zwei haben in der Küche alle Kekse aufgefuttert!«, schnaubte er wütend.

»Papa!«, rief Mia. »Ich weiß nun, wie man Kekse backt. Ich kann auch ganz schnell neue backen.« Da erst merkte der Koch, wen er zum König gebracht hatte. Der König fand, dass seine Tochter nicht sehr fein, aber dafür so fröhlich wie nie zuvor aussah. Er überlegte ein wenig, dann sagte er: »Piet und du, ihr könnt — wann immer ihr wollt — zusammen Kekse backen oder spielen. Die Kammerzofe wird sich ab heute um unsere königlichen Zimmerpflanzen kümmern.« — »Wie wunderbar!«, rief Mia.

Mia und Piet wurden die allerbesten Freunde. Im Winter spielten sie gern draußen im Schnee. Und wenn sie Hunger bekamen, knabberten sie am liebsten selbst gebackene Kekse.

schafskälte

Erzählt und illustriert von
Stephan Pricken

Fünf Schafe stehen auf einem Deich und frieren. Da hat der dicke Udo eine Idee: »Ha«, sagt er, »wir stecken einfach unsere Köpfe in einen Maulwurfshügel. Da ist es nicht so windig. Schließlich ist der Kopf das Wichtigste bei einem Schaf.«

Nach einer halben Stunde zieht Schneeflocke ihren Kopf aus dem Boden und spuckt Erde ins Gras. »Saublöde Idee. Wie wäre es, wenn wir uns den Deich runterrollen lassen? Sich bewegen macht nämlich warm.«

Und so kugeln sie fröhlich los. »Aua! So ein Quark!«, mäht Paul, dem der dicke Udo auf den Kopf gefallen ist. »Und kalt ist mir auch noch. Legen wir uns auf den Rücken. Das ist doch das Empfindlichste bei uns Schafen.«

Nun ist der Rücken zwar warm, allerdings bekommen die Schafe kalte Hufe. »Die blödeste Idee von allen!«, meckert Enne. Schon beginnt der schönste Streit. Am Ende drehen sich alle Schafe spinnefeind im Kreis den Rücken zu.

»Das ist aber kuschelig«, murmelt der dicke Udo.

»Ja, ganz flauschig-warm«, stimmt Schneeflocke ein.

»Und blaue Flecke holt man sich auch nicht«, sagt Paul und stupst Udo in die Seite.

»Schööön«, seufzen die Schafe und schlafen gemeinsam im Stehen ein.

Der Bücherfresser

Erzählt von Cornelia Funke
Illustriert von Vitali Konstantinov

Stens Großvater vererbte der Familie seine Bücher, die Decke, auf
der sein Hund immer gelegen hatte, und eine kleine Holzkiste,
auf der stand:

»Nur für Sten. Unbedingt heimlich öffnen.«

Die Decke wollten Stens Eltern nicht, wegen der Hundehaare.
»Und all die Bücher!«, stöhnte Mama. »Was sollen wir mit denen?«

»Verfeuern!«, schlug Papa vor.

Da guckte Sten ihn ganz streng an und sagte: »Also, ich verfeuer
deine Autozeitschriften nicht, wenn du mal tot bist.«

Papa wurde rot wie ein Radieschen – und schleppte Opas Bücher
auf den Dachboden. 23 steinschwere Umzugskartons. Danach musste
er sich erst mal aufs Sofa legen.

Sten aber schlich auf den Dachboden, packte alle Bücher aus und
stapelte sie zu Wänden. Ein paar Mal kippte alles zusammen, aber
irgendwann war sie fertig, seine Bücherhöhle. Als Dach nahm er
die alte Decke und als Beleuchtung Papas Taschenlampe.

Dann kroch er mit der »*Unbedingt heimlich öffnen*«-Holzkiste hinein.
Zwischen den Büchern roch es nach Opa. Hundehaare rieselten von
der Decke.

    Auf der Kiste klebte ein Brief.

»Hallo, Sten! Ich weiß, du magst keine Bücher. Hoffentlich hast
du meine trotzdem vor eurem Ofen gerettet. Für das, was in
der Kiste steckt, wirst du sie nämlich brauchen. Bis irgendwann
in einem anderen Leben, Opa.«

Sten wurde ganz kalt vor Traurigkeit. Still war es auf dem Boden, nur der Regen prasselte aufs Dach. Sten fuhr sich mit dem Ärmel über die Augen.

Dann klappte er den Deckel auf. Auf einem Haufen Papierschnipsel lag ein pelziges Etwas. Ein bisschen wie ein Meerschwein sah es aus.

»'n Stofftier?«, murmelte Sten. Aber als er nach dem Plüschding griff, kreischte es los. Erschrocken ließ Sten es zurück in die Kiste fallen.

Er lauschte nach unten, aber seine Eltern schienen das Gekreisch nicht gehört zu haben.

Das Pelzschwein grunzte aufgeregt vor sich hin.

»Reg dich ab, ich tu dir nichts!«, flüsterte Sten. »Ehrenwort.«

»Gib mir ein Buch!«, lispelte das Pelzschwein. »Ein knackig-knuspriges! Nein, warte – ein flüstervoll-furchtbar-fantastisches, ja?«

Sten zog vorsichtig irgendein Buch aus der Höhlenwand. »Kaperfahrt nach Tortuga!«, las er.

Das Pelzschwein beschnüffelte den Einband und nickte. »Hmm, ja, das riecht abenteuerlich, trauerlustig, süß und sauer, ja!«

Es biss in das Buch, als wäre es ein Butterbrot.

»Sten, komm essen!«, rief Mama die Dachbodenleiter hoch.
So schnell hatte Sten noch nie gegessen.

Als er zurück in die Bücherhöhle kroch, waren von der »Kaperfahrt nach Tortuga« nur noch ein paar Papierschnipsel übrig.

»War eine wunderbare Geschichte! Kribbelt immer noch bis in die Zehen«, sagte das Pelzschwein und strich mit den Pfoten über die Bücherwände.

»Bist du auch einer?«

»Was?«, fragte Sten.

»Nein.« Das Pelzschwein schüttelte den Kopf. »Du bist keiner. Aber dein Großvater! Was für ein Bücherfresser! Drei am Tag schaffte er – verschlang sie mit den Augen, weißt du, ohne einen Buchstaben zu zerkrümeln.«

Es seufzte. »Ich kann das nicht. Aber ich behalte jedes Wort, das ich wegknabbere! Als dein Großvater schlechte Augen bekam, hat er mich mit Büchern gefüttert, und ich habe sie ihm Wort für Wort erzählt, so ...«

Die Bodenleiter knarrte. Erschrocken verschwand der Bücherfresser in der Kiste.

»Dreiundzwanzig Kartons voll«, sagte Stens Vater. »Die meisten sind ziemlich alt, aber ...«

Sten kroch aus der Höhle. Hinter seinem Vater quetschte sich ein dicker Mann durch die Bodenluke.

»O nein! Sten!«, rief Papa, als er die leeren Kartons sah. »Konntest du dir nicht aus was anderem 'ne Höhle bauen?«

»Die sind nicht zu verkaufen«, sagte Sten. »Ich werd sie lesen. Alle. Jeden Buchstaben.«

Mit ärgerlichem Schnaufen stieg der dicke Mann die Bodenleiter wieder runter. Papa war wütend wie ein Walross, aber Sten durfte die Bücher behalten.

Sobald alle schliefen, schlich er mit seiner Bettdecke auf den Dachboden.

Als er die Taschenlampe in der Höhle anknipste, blinzelte ihn der Bücherfresser verlegen an. Auf dem Boden lagen Papierschnipsel, und mindestens fünf Bücher waren angenagt.

»Ich musste einfach ein paar kosten«, flüsterte er. »Abenteuer, Reisen zum Mond und unter die Erde. Vergangene Zeiten, versunkene Welten, Feiglinge, Helden, Räuber, Verräter, dunkle Orte, Geheimnisse, Schätze ...« Er seufzte. »Wörtermusik.«

»Okay«, sagte Sten und breitete seine Decke zwischen den Bücherwänden aus. »Erzähl mir eins, irgendeins.« Er legte sich hin, und der Bücherfresser setzte sich auf seinen Bauch und erzählte. Die ganze Nacht. Und noch viele andere.

Schäfchen Klecks und die Sterne

Erzählt von Ana Zabo
Illustriert von Liliane Oser

Es war ein fast gewöhnlicher Abend. Der Himmel über der Schafweide schimmerte rötlich von den Lichtern der nahen Großstadt.

Doch dann hörte das kleine Schaf Klecks, wie die alten Schafe von vergangenen Zeiten erzählten. »Früher war die Nacht noch dunkel«, schwärmten sie. »Da war der Himmel ganz schwarz. Der Mond und die Sterne leuchteten hell.« Und die Uroma klagte: »Nirgends ist es mehr so richtig dunkel.«

»Wer weiß«, sagte Klecks. »Ich will losgehen und den Ort suchen, wo die Nacht am dunkelsten ist.«

»Ja, geh nur«, lächelten Mama und Papa. »Es ist gut, wenn ein kleines Schaf sich früh in der Welt umsieht.«

Zuerst lief Klecks in die falsche Richtung. Es kam immer tiefer in die Stadt. Von der Nacht war schon nichts mehr zu sehen. Überall funkelten Leuchtreklamen und Laternen. Da bemerkte Klecks plötzlich einen Hund im Schatten auf dem Gehweg.

»Hallo, Hund«, grüßte Klecks.

Der Hund drehte sich um. Ihm war nachts in der Stadt noch nie ein Schaf begegnet. »Ja, bitte?«, antwortete er.

»Ich suche den Ort, wo die Nacht am dunkelsten ist«, sagte Klecks.

Der Hund kratzte sich mit der Pfote hinterm Ohr. »Völlig falsche Richtung«, sagte er. »Am besten, du nimmst die Straßenbahn. Stadtauswärts. Bis zur Endstation.«

»Vielen Dank«, sagte Klecks und sprang schnell auf die erste Bahn, die vorbeifuhr.

Auch in der Straßenbahn war es sehr hell. Sie ruckelte und zuckelte. Klecks konnte nicht erkennen, ob die Nacht draußen dunkler oder heller wurde.

Schließlich schnaufte die Bahn und rührte sich nicht mehr. Durch die offenen Türen wehte der Nachtwind herein.

Das ist wohl die Endstation, überlegte das kleine Schaf und stieg aus. Am Straßenrand leuchteten noch immer Laternen. Und Autos sausten vorbei. Ich will mich ins Feld schlagen, dachte Klecks und hüpfte weit über einen Graben.

Auf dem Feld saß ein Kaninchen und knabberte Möhren.

»Ich suche den Ort, wo die Nacht am dunkelsten ist«, sagte Klecks.

»Wenn's weiter nichts ist«, entgegnete das Kaninchen und führte das Schaf zu seinem Bau. »Komm nur herein«, sagte es. Klecks folgte ihm, so gut es ging. Es zwängte und schlängelte sich die Gänge hinab, bis sie in einer Höhle tief unter der Erde ankamen. Hier war es ganz dunkel. Es roch muffig nach feuchtem Sand. Baumwurzeln und Modder streiften Klecks' Nase.

»Und?«, fragte das Kaninchen stolz. »Ist es das, was du suchst?«

Klecks verdrehte seinen Kopf. »Aber wo ist der Mond? Wo sind die Sterne?«

»Du hast wirklich noch nichts von der Welt gesehen«, erwiderte das Kaninchen. »Dies ist eine Höhle, ein Kaninchenbau! Hier unten gibt es keinen Mond und keine Sterne.«

Klecks kroch mit den Hinterbeinen voran wieder aus dem Bau hinaus.

»Trotzdem schönen Dank«, sagte es. »Bloß, was nützt mir eine Nacht ohne Mond und ohne Sterne?« Das kleine Schaf zog weiter und kam schließlich in einen Wald.

Wieder konnte es den Himmel nicht sehen. Das Blätterdach war dicht und undurchdringlich. Klecks wollte schon umkehren, als plötzlich oben vom Baum herab eine Stimme wisperte: »So spät noch unterwegs?« Es war eine Fledermaus, die kopfunter am Ast hing.

Klecks erzählte ihr, wonach es suchte. Die Fledermaus flog voraus und führte das kleine Schaf zu einer Lichtung mitten im Wald. Doch merkwürdig. Dort standen zwei ... drei ... vier, viele grauweiße Knäuel herum.

»Da kommt ja Klecks!«, riefen die Knäuel im Chor.

Es waren die alten Schafe. Auch sie hatten sich auf den Weg gemacht. Klecks freute sich riesig. Gemeinsam wandten alle den Blick nach oben. Und wirklich: Hier war die Nacht am dunkelsten. Am tiefschwarzen Himmel leuchteten der Mond und die Sterne so hell, wie es das kleine Schaf noch nie zuvor gesehen hatte. »Ist es nicht schön?«, sagten die Alten.

»O ja«, seufzte Klecks.

Karo und das Baumhaus

Erzählt von Marianne Schröder
Illustriert von Gerhard Schröder

Endlich sind wieder Ferien! Die verbringt Karo natürlich bei Oma und Opa. Gleich am ersten Tag trifft Karo sich mit ihrem Freund Eddi am Strand. Im Sand entdeckt Eddi eine alte Kiste. »Hmh, daraus könnte man vielleicht etwas machen«, murmelt er. »Lass uns die mal mitnehmen.«

Bald darauf stößt Karo mit dem Fuß gegen einen harten Gegenstand im Sand. Mit den Händen buddeln die beiden ein altes Schild aus. Seemö... steht dort schon ziemlich verwittert. Vielleicht ein alter Schiffsname? Sie packen das Schild in ihre Kiste. »Guck mal, dahinten treibt eine alte Boje! Die nehmen wir auch mit«, ruft Karo begeistert, »lass uns doch ein Baumhaus bauen! Wir finden bestimmt noch mehr Strandgut.«

Mit einer randvoll gefüllten Kiste kommen Eddi und Karo bei Oma und Opa an. Oma schlägt die Hände über dem Kopf zusammen. »Was wollt ihr bloß mit all dem Gerümpel?«

»Ein Baumhaus bauen!«, rufen Karo und Eddi wie aus einem Mund. Sie zeigen auf den alten, knorrigen Birnbaum am Gartenrand. »Kommt überhaupt nicht infrage. Der schöne Birnbaum. Und überhaupt, wie wollt ihr das alleine schaffen?!«, sagt Oma.

»Aber der trägt schon lange keine Früchte mehr!«, protestiert Karo.

Opa kommt vom Schuppen herüber. »Karo hat eigentlich recht, da ist der olle Birnbaum noch zu was nütze. Darf ich mitmachen? Ich hätte da auch ein paar Bretter für euch.«

»Klar!«, rufen die Kinder. Kopfschüttelnd geht Oma ins Haus.

Am nächsten Tag gehen die drei voller Eifer ans Werk. Doch als sie vor dem Baum stehen, sieht er ziemlich hoch aus. Karo hat die rettende Idee: »Wir bauen ein Gerüst!«

»Ja, das machen wir«, sagt Opa. »Zwei Tapezierleitern und ein großes Brett. Das müsste klappen.«

Den ganzen Tag ist aus dem Garten geschäftiges Treiben, Hämmern und Rufen zu hören.

Abends ist das Baumhaus endlich fertig. Jetzt staunt auch Oma. »Toll, das habt ihr wirklich prima hingekriegt«, sagt sie. Schnell packt Oma ein leckeres Picknick in einen Korb und spendiert für das neue Haus einen alten Teppich.

Und dann wird richtig gefeiert! Eine echte Baumhausstrandpiraten-einweihungsparty. Karo und Eddi können von dort oben sogar die ganze Bucht sehen. Beide schmieden auch schon wieder neue Ferienpläne: »Morgen gehen wir auf Kaperfahrt mit Opas altem Boot«, flüstert Karo Eddi zu.

Wo ist mein Schal?

Erzählt und illustriert von
Jutta Wetzel

Julie ist sehr traurig. Sie hat ihren Lieblingsschal verloren und weiß
nicht, wo. Die gesamte Wohnung hat sie schon durchsucht. Sogar in der
Küche hinter der Heizung hat sie nachgesehen – aber nichts! Dabei hatte
sie ihn gestern noch um den Hals geschlungen, als das Wetter so trübe
war. Und jetzt?

Es war der wunderschöne Schal, den Oma letztes Jahr zu
Weihnachten gestrickt hatte. Sie hatte alle Wollreste aus ihrem großen
Wollkorb dafür verwendet. Er wurde immer länger und länger – und
bunter und bunter. Was für ein toller Schal!

»Der ist doch viel zu lang für dich!«, hatte Mama gesagt, aber Julie
hatte der kunterbunte, weiche Schal von Anfang an gefallen und stolz
hatte sie ihn um sich gewickelt und war durchs Zimmer gelaufen.

Doch nun ist der Schal verschwunden. Julie fängt an zu weinen und
will überhaupt nicht mehr aufhören. Nie mehr will sie fröhlich sein. Da
kommt Oma und nimmt Julie zu sich auf den Schoß. »Es ist traurig,
dass der Schal verschwunden ist«, sagt Oma und streichelt Julie über
den Kopf. »Wo er jetzt wohl ist? Lass uns überlegen, was aus
ihm geworden sein könnte.«

»Vielleicht hat ihn eine Hasenmutter
gefunden und ihn als Schlafdecke für
ihre Kinder mit nach Hause genommen.
Jetzt haben die Hasenkinder ein warmes
Bettchen!« , sagt Oma. Julie hört auf
zu weinen und denkt nach …

»… oder ein Mann mit

Glatze hat ganz doll gefroren. Da hat er den Schal gefunden und ihn um den Kopf gewickelt. Jetzt muss er nie mehr frieren und die Vögel freuen sich, weil sie auf seinem Kopf sitzen dürfen«, ruft Julie aufgeregt. »Vielleicht«, schmunzelt Oma.

Oma lässt ihre Hand durch die Luft gleiten. »Es könnte auch sein, dass ein kleiner Wirbelsturm ihn ganz sanft mit sich fortgetragen hat. In ein fernes Land – weit, weit von uns entfernt.« Julie klatscht begeistert in die Hände: »... und die Menschen dort wundern sich, weil so etwas noch nie vom Sturm herbeigetragen wurde, und freuen sich darüber.«

»Vielleicht blieb er aber auch auf seinem Weg an der Spitze eines Berges hängen und jedes Mal, wenn ein Wanderer am Gipfelkreuz angelangt ist, freut er sich über den langen bunten Schal, der durch die Lüfte weht.«

Julie grübelt und denkt lange nach. »Was könnte noch alles mit dem Schal passiert sein?« Es gibt so viele Möglichkeiten. Julie nimmt einen Bleistift und fängt an, alle Ideen aufzumalen, und gemeinsam mit Oma hängt sie die Blätter an die Wand neben ihrem Bett.

Stolz betrachtet sie die vielen Bilder. Und vom vielen Überlegen ist Julie ganz müde geworden. Mama bringt sie ins Bett. Was für ein aufregender Tag das doch war! Und wie viele aufregende Träume wohl noch auf Julie warten?

Der Zeltausflug

Erzählt und illustriert von
Dagmar Henze

Die Sonne scheint, die Grillen zirpen und die Hummeln sausen und
brausen umher. Ein Flirren liegt in der lauen Sommerluft. Bei Emil Elch
flirrt es im Magen. Er ist so aufgeregt, weil er doch heute das erste Mal
zelten geht! Mit Fredo Fuchs, seinem besten Freund.

Seit Wochen haben sie es geplant. Jetzt sind die Rucksäcke endlich
gepackt – mit allem, was man für einen Zeltausflug so braucht. Emil
hat auch schon die siebzehn Käse- und Mettwurstbrote für das
Abendpicknick geschmiert. Da klingelt es an der Tür. Emil öffnet.

»Hal-licks«, grüßt Fredo. Vor lauter Vorfreude hat er einen fiesen
Schluckauf bekommen, der einfach nicht weggehen will.

Sie packen die Rucksäcke, das Zelt, die Schlafsäcke und vor allem
die Butterbrote auf einen Bollerwagen und ziehen los. Emil summt alle
Wanderlieder, die ihm einfallen. Und Fredo hickst von Zeit zu Zeit den
Takt dazu.

»Da«, ruft Fredo nach einer Weile und zeigt auf die Wiese mit den Löwenzahnblüten. »Das ist doch der perfekte Pl-icks für unser Zelt!« Ein toller Platz! Das findet auch Emil.

Sie bauen ihr Zelt unter dem knorrigen alten Baum auf. Das ist gar nicht so einfach.

Am Ende schleppen sie die Schlafsäcke, Kissen und Decken ins Zelt. Ganz furchtbar gemütlich sieht ihr Zeltlager aus.

Als es dunkel wird, haben Fredo und Emil alle siebzehn Brote aufgefuttert. Sie werfen noch einen letzten Blick auf die funkelnden Sterne am Himmel und legen sich dann in ihre Schlafsäcke. »Gute Nacht, Fredo«, wünscht Emil.

»Gute N-icks«, wünscht Fredo zurück.

Emil lauscht in die Dunkelheit. Es sind so viele
Geräusche zu hören. Etwas knirscht. Etwas anderes
knarrt. Hier und da knackt es. Und von weiter weg summt es
so komisch. Und von ganz Nahem hickst es andauernd. SO kann Emil
auf gar keinen Fall einschlafen!

»KRAWUMMS!« Ein gewaltiger Krach schreckt die Freunde hoch.

»Wa-wa-was war das?« Emil klappert mit den Zähnen. Mit auf-
gerissenen Augen starren sich die beiden an.

»Ich will nach Hause«, wimmert Fredo leise.

Ganz ohne Hicks dieses Mal – der ist vor lauter Schreck verschwunden.

Die beiden raffen in Nullkommanichts ihre Sachen zusammen und
werfen alles in den Bollerwagen. Auch das Zelt, für dessen Aufbau sie so
lange gebraucht haben.

»Bloß weg hier!«, ruft Emil. Das findet Fredo auch, obwohl er noch
im Wegrennen sieht, dass es nur ein alter Ast war, der da vom Baum
gekracht ist.

Ganz außer Atem kommen die beiden bei Emils Haus an. »Und
jetzt?«, fragt Fredo.

Emil überlegt. »Ich habe eine Idee. Pass auf!« Er holt alle Decken,
Kissen und Schlafsäcke vom Bollerwagen und trägt sie ins Haus. Dann

spannt er eine Wäscheleine durchs Zimmer, kreuz und quer und wieder
zurück. Darüber hängen sie das Zelt wie ein Dach.

Untendrunter bauen die beiden mit ihrem Schlafzeug eine kuschelige,
gemütliche Höhle. Und damit sie auch gut einschlafen können, kocht
Fredo noch Kamillentee. Jetzt duftet es auch in Emils Haus wie auf einer
Wiese! Die beiden schlüpfen unter ihrem Zeltdach in die Schlafsäcke.

Es ist herrlich gemütlich. Und alles klingt so vertraut. Und wie gut
es riecht!

»So ein Zeltausflug ist schon eine feine Sache«, denkt Emil, als er
schon fast eingeschlafen ist.

Wie viele Schäfchen denn?

Erzählt von Christin Schill
Illustriert von Sabine Legien

Immer wenn Lucas nicht einschlafen kann, sagt Papa, er soll einfach die Augen zumachen und Schäfchen zählen. Lucas kann zählen – bis vierundtausendzwanzighundertmillionen – mindestens! Zählen ist nicht das Problem, er ist ja schließlich schon groß.

Aber Schäfchen zählen ist irgendwie eine blöde Idee, findet Lucas. Schäfchen, wieso denn ausgerechnet Schäfchen? Papa sagt, er solle sich einfach vorstellen, da sei eine große grüne Wiese mit unendlich vielen Schäfchen drauf. Und die müssten von der einen Wiese rüber auf die andere Wiese und er – Lucas – sei der Schäfer und müsse sie zählen, damit keines verloren geht.

Okay, weil Papa ja schon ganz groß ist und meistens recht hat, macht Lucas auch das, was Papa sagt – meistens jedenfalls. Also gut. Er presst die Augen ganz fest zu und konzentriert sich.

»Ein Schäfchen, zwei Schäfchen, drei Schäfchen, vier Schäfchen, fünf – und ein blaues Auto. Wo kommt das denn plötzlich her? Das gehört hier doch gar nicht hin!«, denkt Lucas. Mist, jetzt hat er sich verzählt und muss noch mal von vorne anfangen.

»Ein Schäfchen, zwei Schäfchen, drei Schäfchen, vier Schäfchen ... Hm, wo ist eigentlich der Schäferhund? Hat ein Schäfer nicht auch immer einen Hund, der ihm hilft und der die Herde zusammenhält?«

Etwas Hilfe könnte Lucas schon gebrauchen, bei den vielen Schafen. Also stellt er sich jetzt einfach noch einen Schäferhund dazu vor. Der ist hellbraun und hat ganz wuscheliges Fell. Und so treue Augen. Und der Hund kann ganz viele lustige Kunststückchen. Zum Beispiel auf den Hinterbeinen laufen und dabei Pfötchen geben.

Aber eigentlich sollte Lucas ja die Schäfchen zählen. Wo war er bloß stehen geblieben? Vier Schäfchen, oder waren es schon fünf?

»Irgendwie sehen die auch alle gleich aus«, denkt Lucas. Da muss man ja ganz durcheinanderkommen. Also noch mal von vorne: »Schäfchen Nummer eins, Schäfchen Nummer zwei, Schäfchen Nummer drei, Schäfchen Nummer vier, Schäfchen Nummer fünf ... Äh, wie heißt der Hund eigentlich? Ich muss ihn ja rufen können«, fällt Lucas plötzlich ein. »Hm, mal überlegen. Benno? Ja, Benno ist ein prima Name für einen Schäferhund«, findet Lucas.

Leider muss er nun noch mal von vorne anfangen, weil Benno nicht mit aufgepasst und auch nicht mitgezählt hat. »Ein Schäfchen, zwei Schäfchen, drei Schäfchen, vier Schäfchen ... unendlich viele – hat Papa gesagt. Wie soll ich das denn eigentlich machen? Wenn das soooo viele sind, dann bin ich ja die ganze Nacht beschäftigt und mache kein Auge zu. Und morgen im Kindergarten bin ich dann viel zu müde zum Spielen. Eine wirklich blöde Idee!«, denkt Lucas.

»Na gut, einen Versuch mache ich noch, aber wirklich nur noch einen. Und Benno soll gefälligst mitzählen, damit es diesmal klappt. – Ein Schäfchen, zwei Schäfchen, drei Schäfchen, vier Schäfchen, fünf Schäfchen ...« Langsam wird es anstrengend. »Sechs Schäfchen, sieben Schäfchen ...« Lucas ist jetzt doch schon sehr müde.

»Acht Schäfchen, ähh, neun ... Schäfchen ... Wieso bloß Schäfchen? ... Zehn Schäfchen ...« Das war wirklich eine ganz blöde Idee von Papa.

»Elf Schäfchen ...« Lucas muss gähnen. »... Zwölf Schäfchen ...«

»Morgen«, denkt Lucas sich, »morgen zähle ich keine Schäfchen, sondern weiße sibirische Tiger. Davon gibt es nur sehr, sehr wenige. Dann bin ich ganz schnell fertig und kann wenigstens noch etwas schlafen.«

Einschlafen will gelernt sein

Erzählt von Julia Breitenöder
Illustriert von Marion Elitez

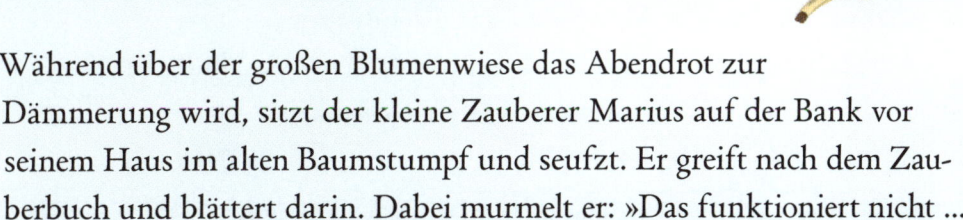

Während über der großen Blumenwiese das Abendrot zur
Dämmerung wird, sitzt der kleine Zauberer Marius auf der Bank vor
seinem Haus im alten Baumstumpf und seufzt. Er greift nach dem Zau-
berbuch und blättert darin. Dabei murmelt er: »Das funktioniert nicht ...
das habe ich schon probiert, das auch ... vielleicht das hier?«

Er rückt seine Brille zurecht und liest den Zauberspruch: »Abends,
nachts und jederzeit sollen alle müde sein. Kopf aufs Kissen, sei bereit,
Augen zu und jetzt schlaf ein!«

Marius wartet, dann schüttelt er den Kopf. »Klappt nicht!«

Neben ihm schließen die Sonnenblumen ihre Blütenblätter und
lassen die Köpfe sinken. Wenig später hört Marius sie leise schnarchen.

Er steht auf und trägt das Buch in seine Wohnung. Dort legt er es
auf den Tisch und geht zum Herd, auf dem ein Topf mit Milch
köchelt. Marius gießt sich eine Tasse ein, rührt etwas Honig
dazu und setzt sich auf sein Bett. Schluck für Schluck trinkt er
die Milch. Dieses Rezept gegen Schlaflosigkeit hat er von der Eule.
Schlafen kann er nach dem Trank zwar nicht, aber er schmeckt
himmlisch!

Als es ganz dunkel ist und nur noch das Licht der
Glühwürmchen vor dem Fenster leuchtet, beginnt
Marius wie jeden Abend seinen Nachtspaziergang.
Und wie jeden Abend hofft er, dass er jemanden
trifft, der ihm beim Einschlafen helfen kann.
Denn egal, wie müde er auch ist, er

findet keinen Schlaf. Seit über einer Woche läuft er jede Nacht auf der Wiese herum.

Seine Wanderung führt ihn zuerst bei Familie Igel vorbei. Die futtern gerade ihr Abendobst. Marius winkt und geht weiter. Dort vorne in der Eibe hat Familie Meise ihr Nest gebaut.

Auf Zehenspitzen schleicht Marius unter dem Ast hindurch. Hier schweben keine Glühwürmchen, es ist stockdunkel.

Marius stolpert über eine Wurzel und taumelt ins Glockenblumenbeet. Die Blüten bimmeln leise. Oben im Nest regt sich etwas.

Mama Meise zwitschert: »Marius? Bist du das wieder?«

»Mhmmm«, nickt Marius. »Tut mir leid, ich wollte euch nicht wecken. Ich kann nur nicht schlafen.«

Die Meise überlegt einen Moment. »Komm hoch und leg dich mit ins Nest«, lädt sie den kleinen Zauberer ein.

Marius zögert, dann klettert er los. Das ist ganz schön hoch! Vorsichtig balanciert er über den Ast und steigt ins Nest zwischen Mama Meise und ihre drei Kinder, die fest schlafen. Mama Meise rutscht ein Stück, Marius kuschelt sich in die Federn.

Hier ist es gemütlich, viel weicher als in seinem Bett. Dafür kitzelt ihn etwas.

Marius macht die Augen zu – und gleich wieder auf.

Eine Feder kitzelt seine Nase, eine andere seinen Hals. Marius kichert. Mama Meise stupst ihn an, aber er kann nicht aufhören zu lachen, wenn das so kitzelt!

Kurz darauf steigt Marius wieder vom Baum. Mama Meise wollte nicht unhöflich sein, aber Leute, die ununterbrochen kichern, können nicht im Nest bleiben.

Der kleine Zauberer überlegt. Wohin soll er jetzt gehen? An den See kann er nicht, die Frösche haben sich über seine nächtlichen Besuche beschwert. Die Hasen unter den Ginsterbüschen auch.

»He, kannst du nicht schlafen?« Marius hört eine Stimme und das Trappeln vieler Füße. Dann fliegt ein Glühwürmchen vorbei und er erkennt, wer ihn angesprochen hat. Hermann, der Tausendfüßler, der nie stillsteht.

Marius nickt. Hermann trippelt um ihn herum. »Ich kann dir helfen«, sagt er.

Erwartungsvoll guckt Marius ihn an. Ausgerechnet der hibbelige Tausendfüßler weiß, wie man am besten einschläft?

»Das geht nur bei dir zu Hause«, sagt Hermann.

Gemeinsam laufen sie zum Baumstumpf.

»Leg dich ins Bett«, kommandiert Hermann. Marius klettert hinein.

»Hinlegen! Unter die Decke«, verlangt Hermann.

Marius tut es.

Und Hermann erklärt, wie es weitergeht: »Schließ die Augen. Denk an deinen rechten Fuß. Schick ihm eine Nachricht. Sag ihm, dass er müde ist und sich entspannen soll.«

Bei dieser Vorstellung muss Marius lachen, aber Hermann guckt so streng, dass er schnell wieder aufhört.

Also redet Marius in Gedanken mit seinem Fuß. Tatsächlich fühlt der sich bald müde und schwer an. Der Rest von Marius aber gar nicht.

»Liegen bleiben!«, sagt Hermann. »Jetzt ist der linke Fuß dran.«

Und danach wandern sie in Gedanken durch Marius' ganzen Körper, Stück für Stück. Zuletzt ist der Kopf an der Reihe. Alles an Marius fühlt sich jetzt schwer an. Nicht mal die Augen wollen offen bleiben.

»Oh, hast du es gut«, flüstert Hermann. »Du musst nur zwei Beine und zwei Arme zum Schlafen überreden. Bei mir dauert das viel, viel länger.«

Doch Marius hört ihn schon nicht mehr. Er schläft und träumt, dass er mit seinen Freunden auf der Blumenwiese spielt.

Benni trifft die Elfenprinzessin

Erzählt von Julia Breitenöder
Illustriert von Sabine Legien

»Mama, erzählst du mir noch mal die Geschichte, wie die Elfen in den Wunderwald gekommen sind? Bitte!«, bettelt das kleine Eichhörnchen Benni.

»Na gut«, sagt seine Mutter. »Dann komm mal her zu mir ...« Und sie berichtet, wie ihr Wald früher, vor unglaublich langer Zeit, ein ganz normaler Wald war, bis zu dem Tag, an dem die Elfen einzogen. »Seitdem wachsen wunderschöne Blumen hier, immer ist leises Lachen und Singen zu hören, Elfenstaub liegt in der Luft. Die Elfen helfen Tieren und Pflanzen. Doch sie sind sehr scheu und sehr flink. Sie sprechen ihre eigene Sprache und verstecken sich in Baumkronen, hinter Blättern und Wurzeln. Nur wenn ein Tier in Gefahr gerät, dann zeigen sie sich. Und oft ist es sogar die Elfenprinzessin persönlich, die zur Hilfe eilt.«

»Wie erkennt man die Elfenprinzessin denn? Sieht sie aus wie die anderen Elfen? Und warum hilft gerade sie?«, will Benni wissen.

Seine Mutter zuckt mit den Schultern. »Ich weiß nicht, wie sie aussieht, ich habe sie noch nie gesehen. Nur wenige Tiere haben überhaupt jemals Elfen gesehen. Aber ich denke, sie trägt ein besonders schönes Kleid und eine Krone. Sie hilft uns Tieren gerne, weil sie als Einzige in ihrem Volk unsere Sprache spricht.«

»Du meinst – sie kann sich mit uns unterhalten?«, ruft Benni überrascht.

»Das wird erzählt«, sagt seine Mama. »Aber vielleicht ist es auch nur ein Märchen.«

»Aber ein schönes«, findet Benni. »Darf ich jetzt rausgehen? Tamme, Lilly und ich wollen eine Brücke am Fluss bauen.«

»Von mir aus.« Mama Eichhorn gibt Benni einen Kuss. »Aber passt auf, dass keiner ins Wasser fällt.«

»Klaro, Mama! Wir sind doch keine Babys!«

Benni huscht den Baumstamm hinab und springt Richtung Fluss.

An der großen Eiche warten seine Freunde, die Hasenkinder Tamme und Lilly.

Einen kleinen Staudamm haben sie schon gebaut, jetzt soll dort eine richtige Brücke entstehen, damit man den Fluss überqueren kann, ohne nasse Füße zu bekommen. Tamme und Lilly schleppen Äste heran, Benni baut.

Nach einer Weile betrachtet er sein Werk. »Das sieht doch schon gut aus.« Er klettert auf die Stöcke.

»Was machst du da?«, ruft Lilly.

»Ich teste unsere Brücke«, verkündet Benni und balanciert los.

Er kommt bis zur Flussmitte. Da fängt die Brücke an zu wackeln. Ein Ast bricht weg, dann noch einer. Benni schwankt und rutscht ab. Sein Bein bleibt zwischen zwei Stöcken stecken und sein Kopf baumelt im Wasser. Mit aller Kraft schafft er es, den Kopf ein wenig zu heben.

»Hilfe!«, ruft er, aber es klingt wie »Blubblubblubb!«. Benni prustet und hustet und versucht wieder auf die Brücke zu klettern, aber er steckt fest und das Wasser rauscht in sein Gesicht.

Da packt ihn jemand an den Füßen, ruckelt ihn hin und her und zieht einmal kräftig. Benni ist befreit und wird zum Ufer getragen.

Um ihn herum stehen Tamme, Lilly und ein Mädchen – eine Elfe wohl, denn sie hat bunte Flügel. Allerdings hat sich Benni eine Elfe eher anders vorgestellt. Ihre Haare sind kurz und ihre Kleidung ist schmutzig.

»Wer ist das denn?«, fragt Benni seine Freunde.

»Keine Ahnung«, sagt Tamme. »Sie war auf einmal da und hat dich aus dem Wasser gezogen.«

»Ähm, ja – gern geschehen!« Die Elfe schnauft.

Lilly starrt sie an. »Die ... die versteht, was wir sagen!«

»Natürlich! Ich bin ja nicht taub!«, motzt die Elfe.

»Dann ... dann musst du die Elfenprinzessin sein ...«, stottert Benni.

Die Elfe nickt. »Ja, das bin ich. Aber ihr könnt mich Bella nennen. Wollen wir zusammen spielen?« Die Tierkinder lachen. Diese Elfenprinzessin ist aber direkt! Und gar nicht zimperlich.

»Au ja! Aber nicht mehr am Wasser«, sagt Benni.

Sie spielen Fangen und Verstecken und dann bauen sie zusammen ein Baumhaus in der alten Eiche. Obwohl Bella ihre Flügel nicht benutzt, kann sie schneller rennen als Tamme und Lilly und mindestens so geschickt klettern wie Benni.

Am Abend verabschieden die Tierkinder sich von ihrer neuen Freundin.

»Treffen wir uns morgen wieder am Fluss?«, fragt Bella.

Alle nicken und winken Bella hinterher, als sie davonschwebt.

»Wow, jetzt sind wir mit einer richtigen Prinzessin befreundet!« Benni strahlt. Das wird ihm seine Mutter niemals glauben!

Monster Willi kann nicht küssen

Erzählt von Tina Blase
Illustriert von Lisa Rammensee

Unter Tildas Bett lebt das Monster Willi. Es sieht ziemlich gruselig aus mit seinen buschigen, giftgrünen Augenbrauen, seiner Kartoffelnase und dem lila Zottelpelz. Ja, Willi ist wirklich zum Fürchten und deswegen glaubt man es auch kaum: Am allermeisten auf der Welt wünscht Willi sich, der kleinen Tilda einen Gutenachtkuss zu geben. Er wünscht sich nichts sehnlicher, als sie einmal so richtig zu drücken. So, wie es ihre Mama und ihr Papa jeden Abend machen.

Da gibt es nur ein Problem: Willi kann nicht küssen.

Er hat es schon oft probiert. Meist, wenn es dunkel war und Tilda schon schlief. Dann hat Willi sich unter dem Bett hervorgetraut und einen Kussmund gemacht. Doch immer, wenn er Tilda zu nahe kam, öffnete sich Willis Mund und ein »ROARRR« oder »BUH!« oder »LÖDL-LÖDL-LÖDL« kam heraus.

Tilda hat sich dann immer erschreckt und sofort nach ihrer Mama oder ihrem Papa gerufen und Willi musste sich schnell wieder unter ihrem Bett verstecken. Willi kann unter dem Bett die tollsten Luftküsse machen, doch er ist und bleibt eben ein Monster, wenn es um Kinder geht.

»Üb doch erst mal an mir«, rät seine Freundin, die Spinne.

»Darf ich wirklich?«, fragt Willi. »Wirst du auch nicht erschrecken?«

»Nö«, sagt die Spinne. »Nur zu.«

Willi spitzt die Lippen und küsst die Spinne ganz vorsichtig auf den Kopf. Kein Problem!

»Es hat geklappt!«, freut Willi sich.

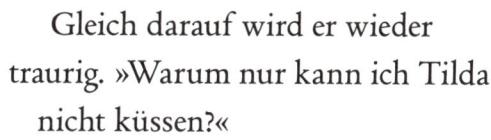

Gleich darauf wird er wieder traurig. »Warum nur kann ich Tilda nicht küssen?«

Die Spinne klappert nachdenklich mit ihren Beißwerkzeugen. »Sie ist größer als ich. Und weicher und wärmer«, überlegt sie. »Du brauchst also auch etwas Größeres, Weicheres und Wärmeres zum Üben.«

Ein weiser Rat, denkt Willi. Er dankt der Spinne und schleicht sich zum Körbchen von Kater Mobydick, drüben in der Küche.

Der große weiße Kater hat den Kopf auf die Pfoten gelegt und die Augen geschlossen. Willi drückt Mobydick schnell einen Schmatzer direkt auf die Schnauze.

»Geschafft!«, ruft Willi, doch der Kater springt auf, faucht und versetzt Willi einen Hieb mit der Pfote.

»ROARRR!«, macht Willi da und Mobydick ergreift die Flucht.

Willi hält sich die Nase. Mobydicks Krallen haben einen langen Kratzer darauf hinterlassen. Jetzt braucht Willi erst mal ein Pflaster, bevor er einen neuen Versuch wagt.

Er will sich den Hund draußen im Garten vornehmen. Doch der knurrt gleich so grimmig, dass das Monster lieber abbiegt zur Kuhweide.

Vorsichtig macht Willi sich an eine Kuh heran, die im Gras sitzt und vor sich hin kaut. Willi spitzt schon die Lippen, als die Kuh eine sehr lange, grasige Zunge ausfährt und ihm damit mitten übers Gesicht leckt. »BUH! LÖDL-LÖDL!«, entfährt es Willi.

Als Letztes probiert das Monster es bei dem Pferd im Stall. Doch das schläft im Stehen. Sosehr Willi sich auch streckt und springt, er kommt nicht an den Pferdekopf heran.

Müde und mutlos schleppt Willi sich zurück unter Tildas Bett. Er verschläft den Rest der Nacht und den ganzen nächsten Tag.

Am Abend jedoch wird Willi von einem Geräusch geweckt, das ihm durch Mark und Bein geht: Tilda weint.

»Was ist passiert?«, fragt Willi die Spinne.

»Sie hat sich mit ihren Eltern gestritten«, flüstert die Spinne. »Und musste ohne Vorlesen ins Bett.«

Willi kann es nicht ertragen, dass Tilda so traurig ist. Er nimmt all seinen Mut zusammen und schlüpft unter dem Bett hervor – obwohl Tildas Nachtlicht noch brennt. »Hallo, Tilda, guten Abend«, sagt er und verbeugt sich tief.

Tilda hört auf zu schluchzen. Sie reißt die Augen auf. »Wer bist du?«

»Ich heiße Willi. Willi Monster.«

Verlegen reibt sich Willi über die Kartoffelnase. Dabei löst sich das Pflaster an einer Seite und baumelt herab. Willi versucht, das Pflaster wieder anzudrücken. Es will aber nicht halten und nach einigem Hin und Her reißt Willi es schließlich ab.

»Bitte vielmals um Entschuldigung«, sagt er.

Tildas Mundwinkel zucken.

Willi bemerkt, dass das Pflaster jetzt an einer seiner Klauen klebt. Er versucht es abzuschütteln – und das Pflaster fliegt in hohem Bogen in Tildas Bett.

»Herrje!«, ruft Willi bestürzt, doch da öffnet Tilda den Mund

und lacht. Sie lacht und lacht und kann sich kaum wieder beruhigen. Willi wagt ebenfalls ein kleines Lachen.

»Du bist aber ein lustiges Monster«, sagt Tilda, als sie wieder sprechen kann. »Darf ich dich mal drücken?«

Willi staunt. »Natürlich, aber wirst du auch nicht erschreck...«, fragt er, doch da hat Tilda ihn schon hochgehoben und umarmt ihn ganz fest. Und das ist so schön, dass Willi ihr einen Kuss auf die Wange gibt. Einfach so, ganz ohne »ROARRR« oder »BUH!« oder »LÖDL-LÖDL-LÖDL«.

Das Schaf, das fliegen wollte

Erzählt von Tina Blase
Illustriert von Lisa Rammensee

Es war einmal ein kleines Schaf, das lebte mit seiner Herde auf dem grünen Deich. Das Schaf hörte auf den Namen Minti Wollheimer. Minti hatten seine Eltern es genannt, weil seine Mutter beim Grasen einmal ein mintgrünes Pfefferminzbonbon gefunden hatte. Das Bonbon schmeckte ihr gut, aber kurz darauf brachte sie ein Lämmchen mit einem blassgrünen Pelz zur Welt. Minti war geboren.

Nicht nur durch seine Farbe und seinen Namen unterschied Minti sich von den anderen Schafen, die durchweg Hinnerk, Edda, Almut oder Eckehart hießen. Nein, Minti war außerdem noch ein Wolkengucker. Er schaute am liebsten hoch in den Himmel zu den anderen, fliegenden Schafen dort. Denn Minti träumte davon, ebenfalls fliegen zu können. Hinnerk, Edda und die anderen Schafe dagegen steckten den lieben langen Tag mit der Nase im Gras. Mintis Traum erschien ihnen ziemlich verrückt. So kam es, dass Minti häufig ein wenig abseits der Herde auf dem Deich saß und alleine vor sich hin träumte.

Eines Tages jedoch landete eine Schar Gänse auf dem Deich. Sie waren auf dem Weg in den Süden und wollten sich eine Weile ausruhen und grasen. »Wenn mir jemand das Fliegen beibringen kann«, dachte Minti, »dann doch wohl ein Vogel.« Er trabte zu einer besonders sportlich aussehenden Gans hinüber. »Entschuldigung? Können Sie mir vielleicht das Fliegen beibringen?«, fragte er höflich.

Die Gans hob den langen Hals und beäugte ihn verdutzt. »Wie bitte? Ich hab mich wohl verhört?«

»Nein«, sagte Minti. »Ich möchte bitte das Fliegen lernen. Das ist mein größter Traum.«

Die Gans stieß ein lautes Schnattern aus, das wohl ein Lachen sein sollte, aber kein sehr nettes. Die anderen Gänse schauten neugierig herüber. »Der grüne Wollheimer hier«, schnatterte die Gans und zeigte mit dem Flügel auf Minti, »der grüne Wollheimer hier will fliegen lernen!« Darauf stimmten die anderen Gänse in das Schnattern mit ein. Das war vielleicht ein Lärm! Minti wäre am liebsten im Deich versunken. Allein eine Gans lachte nicht. Sie war ein ganzes Stück kleiner, aber dafür deutlich dicker als die anderen Gänse. Mit schief gelegtem Kopf watschelte sie an Minti vorbei. »Wenn du wirklich fliegen willst, dann folge mir«, zischte sie ihm zu. Im Schutze eines Buschs stellte die Gans sich vor: »Ich heiße Dumbo Duck.«

»Minti«, sagte Minti.

»Bitte entschuldige meine Genossen. Sie haben einfach keine Ahnung«, sagte Dumbo. »Die meisten bestehen nur aus Federn und Knochen, aber ich bin wie du etwas schwerer gebaut. Fliegen habe ich trotzdem gelernt! Deine Flügel sind natürlich sehr klein und ich sage dir gleich, das wird nicht einfach. Aber mit etwas Training kannst du es schaffen.«

»Meine Flügel?« Darüber hatte Minti noch nie nachgedacht.

»Na, die Dinger links und rechts an deinem Kopf«, sagte Dumbo.

Minti verdrehte die Augen, um zu sehen, wovon Dumbo sprach. »Ich wusste gar nicht, dass ich Flügel habe«, sagte er beschämt.

»Nun, du solltest lernen, sie zu gebrauchen«, sagte Dumbo. »Aber alles der Reihe nach. Wir halten uns streng an den Trainingsplan.«

Also fing Minti an zu trainieren. Für die erste Übung stiegen Dumbo und er oben auf den Deich. »Lektion Nummer 1: Den Schnabel genau in den Wind richten«, erklärte Dumbo dort. Gehorsam drehte Minti sich, bis ihm der Wind genau von vorne ins Gesicht pustete.

»Sehr gut!«, lobte Dumbo. »Lektion 2: Anlauf nehmen und beschleunigen.« Damit stürzte sich die dicke Gans den Deich hinunter. Sie konnte erstaunlich schnell rennen und rutschte das letzte Stück elegant auf dem Bauch ab.

Minti rannte direkt hinterher. Zuerst ging es gut und er wurde schneller. Doch dann wollten seine Hinterbeine die Vorderbeine überholen, Minti machte einen Purzelbaum und landete neben Dumbo auf dem Rücken.

»Das üben wir gleich noch einmal«, sagte Dumbo.

Den Rest des Tages trainierte Minti das Rennen und dann das Abspringen, das war sogar schon Lektion Nummer 3.

Almut, Eckehart und die anderen Schafe schauten inzwischen beim Training zu, genau wie die Gänse. »Minti nu wedder! Nix as Dummtüch in' Kopp«, blökte Edda.

»Wat, wieso? Minti flüggt doch schon – mit 'n Mors overn Deich!«, blökte Hinnerk zurück. Die Schafe lachten, genau wie die Gänse.

»Hör gar nicht hin«, sagte Dumbo zu Minti. »Du hast Talent, das spüre ich.«

Aber die letzte Lektion stellte sich als schwierig heraus. »Jetzt schlag mal kräftig mit den Flügeln«, wies Dumbo Minti an.

Minti kniff die Augen zusammen und konzentrierte sich. »Ist es so gut?«, fragte er.

»Kräftiger!«, befahl Dumbo und dann: »Noch kräftiger!«

Minti schlackerte so wild mit den Ohren, wie er nur konnte. »Das – ist – anstrengend«, keuchte er.

Endlich ließ Dumbo ihn ausruhen. »Wirklich sehr, sehr kleine Flügel sind das«, murmelte die Gans besorgt. »Morgen müssen wir weiterüben, Minti.«

Doch früh am nächsten Morgen wurde Minti von aufgeregtem Geschnatter geweckt. Dumbo stand vor ihm. »Minti! Wir brechen schon auf, die Genossen wollen weiterfliegen. Jetzt gleich!«, rief die dicke Gans.

Schlagartig war Minti wach. Jetzt hieß es alles oder nichts! Gemeinsam mit Dumbo und der ganzen Gänseschar stieg das kleine Schaf auf den Deich. Auch die anderen Schafe wachten nun auf. »Wat, so früh schon wedder Sport?«, gähnte Hinnerk verschlafen. »Dat is doch nich gesund!«, blökte Edda kopfschüttelnd.

Die Gänse drehten sich zum Wind und Minti mit ihnen. Sein Herz klopfte wie wild. Die erste Gans lief los und alle folgten, auch das kleine Schaf. Jetzt zahlte sich das viele Training aus: Minti überholte Dumbo und dann alle anderen Gänse. Er setzt sich an die Spitze der Schar, rannte immer schneller und stolperte nicht. Er schlackerte mit den Ohren, als seien es kleine Propeller. Es spürte den richtigen Moment, drückte sich mit allen vier Hufen vom Gras ab und – flog.

Edda, Hinnerk, Almut, Eckehart und alle anderen Schafe vergaßen für einen Moment zu atmen. Dann rief Edda aus Leibeskräften: »Hurra! Uns Minti!« Worauf die ganze Herde in ein Blöken ausbrach, wie es der Deich noch nicht gehört hatte. Die Schafe blökten und die Gänse schnatterten, Minti aber freute sich ganz still. Eine Runde nach der anderen drehte er mit Dumbo durch die Luft, wobei er mit den Ohren steuerte.

Und wenn du mal am Deich spazieren gehst und eins der Wölkchen am Himmel sieht etwas grüner aus als die anderen – dann ist es vielleicht Minti Wollheimer, der gerade seine Freunde, die Schäfchenwolken, besucht.

Hier spukt's!

Erzählt von Anna Himmel
Illustriert von Sabine Legien

Elli ist ein Nachtgespenst. Sie wohnt in einer alten rostigen Ritterrüstung auf Schloss »Schreck-lass-nach«.

Elli kann sich so klein machen, dass sie durch jedes Schlüsselloch passt – alter Nachtgespenst-Trick. Deswegen kennt sie alles und jeden im Schloss.

»Uuuuiii« und »Auuuu« ruft Kettenhemd-Rudi aus dem Schlosskeller. Er knackt mal wieder Nüsse.

Im Thronsaal geistert Adelbert der Adlige herum. Ganz unadelig schneidet er von früh bis spät Grimassen.

»Verflixter Suppenkasper! Du bist dran mit Kochen!«, schimpft Mona-Luisa in der Küche.

»Von wegen, olle Spinatwachtel!«, mault Poltergeist Harald zurück. So geht das jeden Tag – seit 374 Jahren!

Im Klo jammert Olga die Verheulte: »Buhhh! Ich hab ganz nasse Füße!«, und schnäuzt lautstark in ein Stück Klopapier.

Da läutet es an der Pforte: Besucher! Zuvorkommend öffnet der kopflose Anton die Tür.

»Schreck, lass nach!«, rufen die Gäste, lassen alles fallen und stürzen auf und davon. So ist das irgendwie immer.

Viele Sachen sind auf diese Weise schon im Schloss liegen geblieben …

»Zeit für ein Gespensterfest!«, ruft Elli. Alle verkleiden sich – außer Anton, der keinen Kopf dafür hat.

Plötzlich ertönen merkwürdige Geräusche: ein Quietschen und Heulen, Rasseln und Stöhnen – direkt aus dem Turmzimmer!

HUUU

Spukt's hier etwa?

Wandas Geheimnis

Erzählt von Tina Blase
Illustriert von Lisa Rammensee

Kalles Teddy heißt Wanda. Wanda begleitet Kalle überall-
hin. Früher saß Wanda mit im Kinderwagen. Jetzt sitzt
sie immer in Kalles Rucksack. »Wanda mag nicht allein
zu Hause bleiben. Da ist es ihr zu langweilig«, hat Kalle
seiner Mama schon oft erklärt. Deswegen setzt er die
Teddybärin auf dem Spielplatz auch immer so hin, dass sie
ihm beim Klettern und Schaukeln zugucken kann.

Eines Nachts liegt Wanda neben Kalle im Bett und hört seinem leisen
Kinderschnarchen zu. Sie selbst kann nicht einschlafen, sie muss immer
an die Schaukel denken. Wie hoch Kalle auf ihr geflogen ist und wie er
dabei gejauchzt hat vor Freude! Bei dem Gedanken daran spürt Wanda
ein Kribbeln in ihrem Bauch. Seltsam, es hört gar nicht mehr auf zu
kribbeln. Jetzt spürt sie es schon in ihrem ganzen kleinen Teddybären-
körper.

Wanda schüttelt sich – und liegt plötzlich ohne Decke da. Staunend
bewegt sie erst den linken Arm und dann den rechten. Linkes Bein,
rechtes Bein. Sie nickt mit dem Kopf und wackelt mit dem Popo. »Wenn
das so ist«, denkt Wanda, »dann kann ich ja mal aus dem Bett klettern.«

Der weiche Teppich fühlt sich gut an unter den Pfoten. Vorsichtig
macht Wanda ihren ersten Schritt, und dann ihren zweiten.

»Wenn das so ist«, denkt sie wieder, »dann kann ich ja mal ein
bisschen spazieren gehen.« Und ganz leise schleicht sie aus dem
Kinderzimmer und durch den Hausflur. Schon steht sie vor der Tür.
Genau auf ihrer Höhe gibt es eine Katzenklappe in der Tür.

Wanda streckt einen Arm aus und drückt die Klappe auf. Ein leichter Wind zupft an ihrem Teddybärenpelz. »Wenn das so ist ...«, denkt Wanda und schlüpft durch die Klappe.

Den Spielplatz findet sie ganz leicht, sie war ja schon tausendmal mit Kalle dort.

Es dauert gar nicht lange, und sie steht vor der Schaukel. Wanda streckt sich und kommt gerade so mit einer Pfote daran. Aber raufklettern kann sie nicht. Das Teddybärenmädchen schaut sich um.

In der Sandkiste liegt noch ein Eimer. Wanda stellt ihn als Tritt unter die Schaukel. So klappt es. »Uff!« Mit einem Seufzer setzt sie sich auf die Schaukel. Was jetzt? Wanda überlegt. Kalle bewegt immer die Beine vor und zurück. Und lehnt sich abwechselnd nach hinten und vorne, aber dafür muss man sich mit beiden Händen an den Ketten festhalten. Mit der Pfote an der einen Kette rutscht Wanda so weit sie kann zur Mitte der Schaukel. Sie streckt den Arm nach der anderen Kette aus. Doch keine Chance. Ihr Arm ist zu kurz. Also streckt und beugt Wanda einfach nur so ihre Teddybärenbeine. Die Schaukel wackelt auch ein bisschen, aber das ist schon alles. Von Fliegen kann keine Rede sein.

Als sie es eine ganze Weile versucht hat, gibt Wanda auf. Sie ist sehr enttäuscht, doch dann fällt ihr Blick auf die Rutsche.

Wanda springt von der Schaukel und läuft zur Rutsche hinüber. Die meisten Bären können gut klettern, Teddybären sind da keine Ausnahme. Zack, schon steht Wanda oben auf der Rutsche und schaut hinunter. Oje, das sieht aber steil aus. Wirklich sehr steil ... Vorsichtig setzt Wanda sich hin und rutscht Stückchen für Stückchen weiter nach vorne.

Doch plötzlich wird sie schneller, kann nicht mehr stoppen und saust die Rutsche hinunter. Mit einem »Hui!« fliegt Wanda durch die Luft und landet im weichen Sand. Einen Moment sitzt sie reglos da. Dann schüttelt sie sich und lacht. »Noch mal!« Immer wieder klettert und saust sie die Rutsche rauf und runter. Nun fliegt sie also doch noch. Es macht ihr nichts aus, dass ihr Popo ein bisschen nass wird, weil es geregnet hat. Sie merkt auch gar nicht, dass der nasse Sand an ihren Pfoten hängen bleibt. Dafür merkt sie irgendwann, wie müde sie inzwischen ist. Sie rutscht noch ein letztes Mal und läuft dann nach Hause zurück.

Die Katzenklappe klappert leise, als Wanda hindurchschlüpft. Sie tapst zurück ins Kinderzimmer. Das Bett ist weich und warm. Wanda kuschelt sich an Kalle. »Aber morgen übe ich wieder Schaukeln«, murmelt sie noch, bevor sie einschläft.

»Mama, mein Bett ist voller Sand!«, ruft Kalle am nächsten Morgen.

»Hm, das ist ja seltsam«, sagt Mama. »Du hast doch gestern gebadet.« Sie schaut Wanda an, die ganz still liegt und nicht mit der Wimper zuckt. »Hast du Wanda mit in die Sandkiste genommen?«

»Nein«, sagt Kalle, aber Mama hält den Kopf schief und runzelt die Stirn. Das macht sie manchmal, wenn sie Kalle etwas nicht glaubt. Doch sie sagt nichts, sondern bürstet Wanda nur den Sand aus dem Pelz.

Dann müssen sie los zur Kita. Kalle setzt Wanda in seinen Rucksack, wie jeden Morgen. »Ich weiß, dass du dich rausgeschlichen hast«, flüstert er ihr zu. »Aber keine Sorge, ich verrate es niemandem.«

Der Drache, der nicht schlafen durfte

Erzählt von Barbara Rose
Illustriert von Miriam Cordes

Baldur Zisch stöhnte.

Schon wieder eine Nacht, in der er keines seiner Funkelaugen zumachen konnte. Schon wieder eine Nacht, in der er nicht feuerspuckend übers Land fliegen durfte. Schon wieder eine Nacht, in der er sich mit Kartenspielen wach halten musste. Und alles nur, weil er König Brummbarz vor vielen Jahren die Treue geschworen hatte. Müde legte Baldur Zisch den schweren Kopf auf seine Klauen.

»Guten Abend, Baldur«, hörte er eine sanfte Stimme hinter sich.

Der Drache fuhr herum. »Hallo, Kater Schnurr. Wie geht's?«

»Mir geht es gut. Aber um dich mache ich mir Sorgen. Von Tag zu Tag siehst du schlechter aus.«

»Kein Wunder«, knurrte Baldur Zisch. »Seit hundertvier Tagen und hundertdrei Nächten bewache ich die Prinzessin. Nicht ein Auge konnte ich in dieser Zeit schließen. Und immer noch ist kein Prinz gekommen, um sie wach zu küssen. Ich halte das nicht mehr aus!«

»Das ist sogar für einen Drachen eine lange Zeit ohne Schlaf. Armer Kerl.« Kater Schnurr strich dem Drachen über die harten Schuppen. »Wirklich blöd gelaufen. Warum musste die böse Fee auch recht behalten. Hätte die Prinzessin doch niemals diese Nähnadel angefasst und sich daran gepikt.«

»So ist es jetzt nun mal. Der ganze Hofstaat schläft. Bis auf die Tiere«, grummelte Baldur Zisch. »Doch die haben sich ja alle aus dem Staub gemacht. Diese Verräter.«

Der Kater schnurrte. »Na ja, man kann es ihnen nicht verübeln, es hat eben nicht jeder so viel Ehrgefühl wie du.«

»Ach was, Ehre! Ich gebe einfach die Hoffnung nicht auf!« Baldur Zisch stöhnte. »All das nur wegen eines Stücks Kuchen. Wie böse muss eine Fee sein, wenn sie alle verwünscht, nur weil bei der Taufe der Prinzessin kein Stückchen Schwarzwälder Kirschtorte mehr für sie übrig war? Man kann auch übertreiben ...«

Kater Schnurr zuckte mit den Barthaaren. »Immerhin kann der Kuss eines hübschen Jünglings die Prinzessin erlösen.«

»Und wo bleibt der Kerl?«, knurrte Baldur Zisch.

»Gute Frage … Er lässt sich ganz schön Zeit. Vielleicht weiß er nichts von unserem Schicksal. Oder … es könnten auch die Efeuranken schuld sein. Sie umhüllen das ganze Schloss«, maunzte der Kater. »Vielleicht denkt er einfach, hier ist niemand mehr.« Er deutete auf Prinzessin Susuline. »Geschweige denn eine hübsche Prinzessin.« Der Kater wiegte den Kopf hin und her. »Selbst die Pizzaboten finden kaum her, obwohl wir die ja vorher angerufen und alles erklärt haben.«

»Pizza!« Baldur Zisch schüttelte sich. »Ich kann das Wort schon nicht mehr hören. Aber was bleibt uns anderes übrig. Müsste unsere Bestellung nicht bald mal ankommen?«

In diesem Moment schepperte die Türglocke so heftig, dass Baldur Zisch vor Schreck eine Feuerwolke ausstieß, die beinahe das Bett der Prinzessin angekokelt hätte.

»Pass doch auf!«, rief Kater Schnurr. »Dieses Mal scheint es ein schlauerer Pizzabote zu sein. Er hat den Eingang direkt gefunden.«

»Soll ich hingehen?«, fragte Baldur Zisch.

»Untersteh dich! Du verschreckst ihn nur. So wie die letzten fünf.«

Baldur Zisch seufzte. »Tut mir leid.«

»Schon gut«, miaute Kater Schnurr. »Ich gehe und hole unser Festmahl.«

Minuten später zog und zerrte, schob und drückte
der Kater einen riesigen Karton ins Zimmer.

»Eine Party-Pizza mit allem Drum und
Dran. Leider habe ich das Geld vergessen.
Ich muss noch mal runter und bezahlen. Der
nette Kerl wartet geduldig vor der Tür.«

Interessiert klappte Baldur Zisch den Deckel der Pizzaschachtel hoch.

»Oh, mal was anderes. Mit extrascharfen Chilischoten. Da muss ich
mich zurückhalten, dass ich danach nicht Feuer spucke!«

Während der Drache schon anfing, schmatzend seinen Teil der Pizza
zu verspeisen, suchte Kater Schnurr das Zimmer nach Goldstücken ab.
Plötzlich blieb er stehen und starrte auf seinen Freund mit den vollen
Backen.

»Sag mal, Baldur ...«, überlegte er. »Wer hat eigentlich gesagt, dass
der Jüngling zur Prinzessin kommen muss? Und muss es überhaupt ein
Prinz sein, der Susuline wach küsst?«

»Wä mähnst du dasch?«, grunzte der Drache mit vollem Mund.

»Na, überleg doch mal. Die Prinzessin kann doch auch zum Jüngling kommen. Es geht ja nur um den Kuss«, stellte Kater Schnurr fest. »Wo geküsst wird, ist doch piepegal.«

Der Drache klimperte verzückt mit seinen Augen. »Küssen. Endlich. Das wäre toll.«

Kater Schnurr hob ein Goldstück in die Höhe. »Und wie gut, dass unten vor unserer Tür ein hübscher Jüngling auf seine Bezahlung wartet!«

Baldur Zisch strahlte, dabei fiel ihm etwas Pizza aus dem vollen Mund, doch das war jetzt nicht wichtig. »Hervorragend. Großartig. Wunderbar!«, jubelte er. Sofort tapste der Drache zum Bett der Prinzessin, hob Susuline in die Höhe und trug sie vorsichtig aus dem Zimmer. Kater Schnurr folgte seinem Freund aufgeregt. Am Schlosstor angekommen, legte Baldur die Prinzessin sachte auf die Schwelle.

»Gut so.« Kater Schnurr reckte den Daumen in die Höhe. »Den Rest übernehme ich.«

Verborgen hinter einer Säule beobachtete Baldur Zisch, wie der Kater die quietschende Tür öffnete. Ein hübscher junger Mann stand dort und wartete gelassen, bis der Kater ihm das Goldstück in die Hand drückte. Dabei entdeckte er Prinzessin Susuline.

»Was für ein schönes Mädchen«, rief der Pizzabote entzückt aus.

Kater Schnurr miaute: »Du darfst sie ruhig küssen.«

»Echt?« Der Junge sah sich erstaunt um. »Einfach so?«

Kater Schnurr nickte. »Klar. Mach schon.«

Kaum hatte sich der Bote über Susuline gebeugt und ihr einen dicken Schmatz auf den Mund gedrückt, gab es einen gewaltigen Donner im ganzen Schloss. Es rasselte, schepperte und dröhnte, dass es sogar Baldur Zisch in den Ohren rauschte.

»Oh, mein Prinz«, flötete Susuline. »Du hast mich gerettet.«

Das Gesicht des Pizzaboten lief rot an und er schaute verlegen zu

Boden. Langsam kamen die erwachten Mitglieder des Hofstaates nach draußen auf der Suche nach ihrer Prinzessin. Susuline klimperte mit ihren langen Wimpern den Pizzaboten an und merkte gar nicht, dass ihre Eltern mittlerweile zu ihr geeilt waren. Ergriffen strichen König Brummbarz und Königin Summsuse der Prinzessin über die goldenen Löckchen.

Dem König Brummbarz entging das Verhalten seiner Tochter nicht. »Junger Mann«, knatterte er. »Möchtest du meine Tochter zur Frau haben? Immerhin hast du sie gerettet. Du darfst bei uns einziehen. Und irgendwann bekommst du das Königreich mitsamt Schloss und allem Pipapo auch noch dazu.« Er nahm die Hand seiner Frau und drückte sie. »Dann können wir beiden endlich unseren Ruhestand genießen.«

Der Pizzabote blinzelte von einem zum anderen, sah dann zu Susuline und grinste. »Möchtest du das denn auch?«

Susuline nickte fleißig. »Ja! Unbedingt!«

Der Bote strahlte. »Dann nehme ich an!«

So kam es, dass Prinzessin Susuline und Leon, der Pizzabote, ein Paar wurden. Sie waren mächtig ineinander verliebt.

Und Baldur Zisch? Er wartete gar nicht ab, bis sich der König bei ihm bedankt hatte. Er legte sich sofort in den Burggraben und schlief achtundvierzig Tage. Am Stück. Genau bis zur Hochzeit. Dann war er wieder fit, reichte beim König die Kündigung ein und ging mit seinem Freund Kater Schnurr auf Weltreise.

Prinzessin ~~Himbeer~~ SCHLIMM

Erzählt von Rosa Pfeffer
Illustriert von Franziska Harvey

Prinzessin Himbeer hat alles, was man sich nur wünschen kann: Ein riesiges Schloss mit Glitzertürmchen. Ein rosarotes Zimmer mit Wendelrutsche und Sternenhimmel. Ein Kuschelbett mit 77 Kissen.

Am Morgen sagt sie zu König Silberbart: »Papa, räum mein Zimmer auf! Hopp, hopp!«

Am Mittag ruft sie zu Meister Mütze in die Küche: »Back mir einen Kuchen mit 77 Schichten. Und Himbeersahne! Zack, zack!«

Am Nachmittag sagt sie zur alten Frau Grimmeling: »Schneidere mir das schönste Kleid der Welt! Aus sieben Sorten Seide! Sofort!«

Am Abend winkt sie den Hofnarren
Purzelbaum herbei. »Erzähl mir einen
Witz. Aber einen lustigen!«

»Nö«, sagt Purzelbaum.

»Hä?«, macht die Prinzessin.

»Nö!«, wiederholt Purzelbaum.

Prinzessin Himbeer stampft
auf. Das ist ihr noch nie passiert!

Vor Wut kann sie lange nicht einschlafen.
Nicht einmal Schnuffel kann sie trösten.

Am nächsten Morgen stürmt sie in Purzelbaums Zimmer. Er putzt sich
gerade die Zähne.

»Erzähl mir jetzt einen Witz!«

Der Hofnarr schüttelt den Kopf. »M-mh«, macht er mit vollem
Zahnpasta-Mund.

»Warum nicht?«, faucht die Prinzessin.

»Bfaubaboa«, nuschelt Purzelbaum.

»Hä?«, macht die Prinzessin.

Der Hofnarr putzt kräftig weiter. »Bfau-bea-woab«, sagt er mit
Schaum vor dem Mund und schiebt Himbeer einfach zur
Tür hinaus.

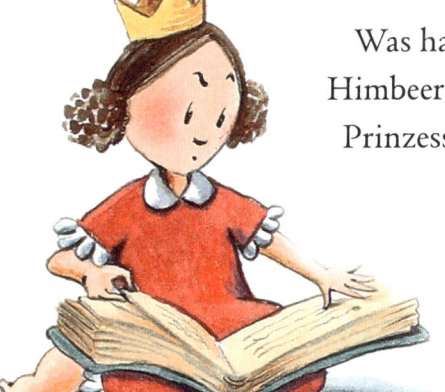

Was hat er gesagt? So schnell sie kann, eilt Prinzessin Himbeer in ihr Zimmer und kramt das »Handbuch für Prinzessinnen« hervor. Da! Das war es doch:

Baubaboa

Ein kluger alter Drache im Düsterbusch. Weiß stets Rat.

Vorsicht: Mundgeruch!

»Sattele mein Pony!«,
ruft die Prinzessin aus dem Fenster dem Stallknecht zu.

Wenig später schon traben sie durch den Düsterbusch.

»Schneller, Blinky, schneller!« Aber das Pony fürchtet sich. Der Wald knackst und knarrt und knurrt und ächzt.

Vor einer verwunschenen Dornenhecke bleiben sie stehen.

»Du da, Maus!«, ruft Himbeer. »Ich muss zum Drachen! Zeig mir den Weg!«

Aber die Maus kichert nur und huscht davon.

»Frechheit!«, schimpft die Prinzessin.

Plötzlich schnuppert sie. Was riecht denn da so? Himbeer steigt ab und krabbelt durch die Hecke ...

Überrascht bleibt Himbeer stehen. Hier ist es

gar nicht finster. Die Sonne scheint auf Vergissmeinnicht, Akelei und Glockenblumen. Die Blumen duften herrlich. Und über dem Blütenduft liegt ein komischer Geruch. Der Drache!

Baubaboa ist groß und dunkelblau und schuppig.

»Was willst du?«, grollt er mit Donnerstimme. Hinter seinem Rücken spitzt die Maus hervor – mit ziemlich kecker Miene!

Die Prinzessin nimmt ihren ganzen Mut zusammen. »Ich will, dass der Hofnarr mir einen Witz erzählt.«

Und weil der Drache so stinkt, dass die Prinzessin beinahe umkippt, reicht sie ihm einen ihrer Kaugummis. »Mit Himbeer«, sagt sie.

Baubaboa liebt Kaugummi! Als er 77 lustige Blasen zerploppt hat, winkt er die Prinzessin zu sich. »Wenn du etwas möchtest, Prinzessin Schlimmbeer«, schnurrt er, »benutz doch einfach mal das ZAUBERWORT.«

Und dann beugt er sich vor und flüstert ihr mit leckerem Himbeeratem etwas ins Ohr.

Am Abend geht es auf dem Schloss lustig zu. Alle freuen sich – denn die Prinzessin ist auf einmal richtig nett! Und der Hofnarr kommt aus dem Witze-Erzählen gar nicht mehr heraus.

Denn nun kennt Himbeer das Zauberwort: »Purzelbaum, erzähl noch einen, nur noch einen, BITTE!«

Eichhörnchen und Einhörnchen

Erzählt von Tina Blase
Illustriert von Lisa Rammensee

Eichhörnchen übernachtet heute zum ersten Mal bei seinem
Freund Einhörnchen. Seit Tagen freuen die beiden sich darauf.
Am Samstag packt Eichhörnchen ganz allein seine Tasche.
»Zum Übernachten braucht man: Lieblingskuschelkissen,
Taschenlampe, Lieblingsbuntstifte und
natürlich das neue Fuchs-Kostüm, falls wir uns
verkleiden wollen«, zählt Eichhörnchen auf.
Mama Eichhorn legt noch Schlafanzug und Zahn-
bürste dazu. Eichhörnchen will jetzt endlich los.
»Tschüß, bis morgen dann!«, ruft es fröhlich.

»Moment! Ich bringe dich hin«, sagt Papa
Eichhorn und trinkt schnell seinen Haselnuss-
kaffee aus.

Eichhörnchen hat es eilig. Es springt
so flink von Ast zu Ast und Baum zu
Baum, dass Papa Eichhorn kaum hinterher-
kommt.

Im Nu stehen sie vor Einhörnchens Haus. Es ist
kein Baumhaus, wie das von Eichhörnchens Familie, sondern steht
unten auf der Erde. Es ist riesig groß und duftet nach grünem Gras
und auch ein bisschen nach staubigem Fell. Ein guter Geruch, findet
Eichhörnchen.

Einhörnchen wartet schon. »Wollen wir Verkleiden spielen?«, ruft es
sofort, als es Eichhörnchen sieht. »Oder erst Verstecken?« Die Freunde
kichern und toben durch alle Zimmer. Einhörnchen buckelt übermütig

und Eichhörnchen schaukelt über Kopf an den hohen Deckenlampen. Es hält gerade so lange still, dass Papa Eichhorn ihm einen Abschiedskuss geben kann.

Die Freunde spielen miteinander, bis es Zeit fürs Abendbrot ist. Papa Einhorn verteilt Heu und Hafer in den Schüsseln. »Eichhörnchen, für dich habe ich ein paar Nüsse geröstet«, sagt er. Alle setzen sich und stecken die Nasen in ihre Schüsseln. Eichhörnchen darf auf dem Tisch sitzen, wo es an einer Nuss knabbert. Aber die Nuss schmeckt nicht ganz genauso wie zu Hause. Plötzlich bekommt Eichhörnchen ein klitzekleines bisschen Heimweh.

Das gemeinsame Zähneputzen ist dann zum Glück wieder lustig. Einhörnchen putzt Eichhörnchen die Zähne und umgekehrt. Sie lachen sich kaputt, weil Einhörnchen die kleine Zahnbürste von seinem Freund kaum mit den Hufen festhalten kann. Und Einhörnchens Zahnbürste ist für Eichhörnchen so groß wie ein Besen. »Fege aus, fege aus, feg den ganzen Schmutz hinaus!«, singt Eichhörnchen, während es Einhörnchens großes Gebiss schrubbt.

Kurz darauf liegt Eichhörnchen auf der Gästematratze neben Einhörnchens Bett. Es kommt sich klein und verloren vor. Die Matratze und die Decken sind so riesig groß und gar nicht kuschelig wie zu Hause. Eichhörnchen kann nicht einschlafen. Es hat jetzt wirklich Heimweh und ist kurz davor, ein bisschen zu weinen. Genau da schnaubt Einhörnchen leise im Dunkeln: »Schläfst du schon?«

»N-nein«, antwortet Eichhörnchen mit bebender Stimme.

»Ich kann auch nicht schlafen«, sagt Einhörnchen. »Wollen wir eine Höhle bauen?«

Eichhörnchen fällt ein, dass es extra eine Taschenlampe eingepackt hat. »Au ja!«, flüstert es.

Mit Eichhörnchens Taschenlampe schleichen die Freunde durchs Haus und schleppen alle Decken und Kissen, die sie finden können, in Einhörnchens Zimmer. Außerdem besorgen sie zwei große Regenschirme und einen Besen. Die lehnen sie an Einhörnchens Schreibtischstuhl und hängen dann die Decken darüber. Das ist gar nicht so einfach, immer wieder kracht die Höhle ein. Doch endlich bleibt ihr Dach stehen und sie können den Boden mit den Kissen auspolstern. »Super!«, ruft Eichhörnchen und schlüpft in die Höhle. »Und wie dunkel es ist! Schau mal, wenn ich die Taschenlampe ausmache, sieht man wirklich gar nichts mehr. Nicht mal meine Pfoten kann ich sehen!«

Einhörnchen steckt den Kopf in die Höhle. »Oh ja! Supercool!«, schnaubt es.

»Komm rein!«, ruft Eichhörnchen.

Vorsichtig lässt Einhörnchen sich auf die Knie nieder und robbt in die Höhle.

»Dein Popo guckt noch raus«, sagt Eichhörnchen. »Dreh dich mal um.«

Einhörnchen wendet den Kopf, um zu seinem Popo zu gucken, und dreht sich dann. Leider bleibt es dabei mit dem Horn in einer Decke hängen und mit dem Popo in einer anderen.

»Achtung!«, ruft Eichhörnchen, doch da ist es schon geschehen. Die ganze Höhle stürzt über ihnen ein.

»So ein Mist!«, schimpft Einhörnchen.

»Unsere schöne Höhle!«, jammert Eichhörnchen. Die Freunde schauen sich an. Die Decke spannt sich über Einhörnchens Horn, sodass ihre Köpfe Luft haben. »Wie eine Mini-Höhle«, sagt Eichhörnchen. Plötzlich müssen sie lachen. Und weil es eigentlich sehr gemütlich ist in ihrem Haufen aus Decken und Kissen, bleiben sie einfach so liegen. Dicht aneinandergekuschelt sind die beiden nach kurzer Zeit eingeschlafen.

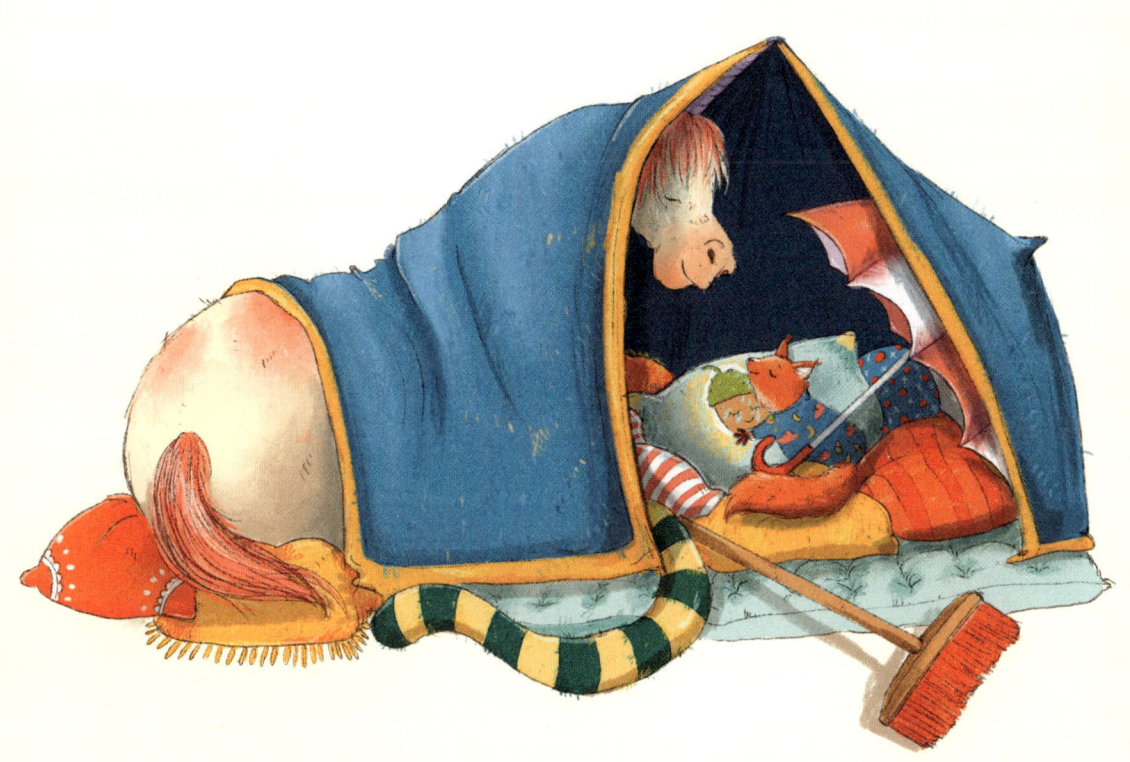

Im Land der süßen Träume

Erzählt von Barbara Lehnerer
Illustriert von Marion Elitez

Jeden Abend liegt Gwendolina in ihrem Bett im Kinderzimmer und langweilt sich.

»Du langweilst dich? Beim Einschlafen?« Gwendolinas Mama lacht. Gwendolina ballt die Fäuste. Sie findet Mama gemein.

»Ich kann dir doch mal wieder eine Gutenachtgeschichte vorlesen.«

Oje – bloß nicht! Gwendolina hat Mama echt lieb, aber sie findet, Mama hat zwei Fehler: Nie erlaubt sie ihr, nach dem Zähneputzen noch eine kleine Süßigkeit zu essen. Nicht mal die allerkleinste. Gwendolina könnte sehr gut einschlafen, wenn sie noch eine winzige Süßigkeit in ihrem Bett essen dürfte.

»Nein danke«, antwortet Gwendolina ihrer Mutter, immer noch beleidigt. »Du schläfst ja doch nur wieder ein.« Das nämlich ist Mamas zweiter Fehler. Ihr fallen beim Vorlesen die Augen zu und dann nuschelt sie so komisch.

Diesmal ist Mama beleidigt. »Na dann ...«, sagt sie, wirft die Hände in die Luft und geht zur Tür. »Dann wirst du dich wohl langweilen müssen.«

Gwendolina denkt an Süßigkeiten. An sehr sehr süße Süßigkeiten. An Gummibärchen beispielsweise. Oder an Schokolade, die ist noch süßer. So süß wie die Schokoraspel, mit denen der Weg bestreut ist, der mit einem Mal vor ihrem Bett beginnt. Gwendolina reißt die

Augen auf. Der Weg führt durch ein Zuckerbrezeltor und über einen runden Platz bis in die weite Ferne.

Ob sie sich trauen soll?

Klar traut sie sich, sie ist ja stark und mutig und sie braucht nichts und niemanden. Außer ein paar winzig kleinen Süßigkeiten vielleicht.

Gwendolinas nackte Füße sinken in den weichen Schokoraspeln ein, das ist lustig. Ab und zu bückt sie sich, greift sich eine Handvoll und ... mmmh!

Da sieht sie, dass die Grashalme am Wegrand aus lecker süßem Marzipan bestehen – wie Weihnachten ist das! Einen ganzen Strauß Marzipanhalme pflückt sich Gwendolina, bevor sie den Zaun aus lauter bunten Zuckerstangen entdeckt.

Ihr läuft das Wasser im Mund zusammen. Aber auf der Wiese hinterm Zaun steht ein Pfefferkuchenhaus, wie bei Hänsel und Gretel. Puhhh – Gott sei Dank schaut heute keine Hexe aus dem Fenster! Aber ist es nicht bewacht von lauter Riesen-Gummibären?

Gwendolina hat es plötzlich eilig. Angst hat sie aber keine, denn Gwendolina ist stark und mutig.

Nein, nein, dahinten auf dem Platz, da hat sie etwas gesehen, da will sie hin.

Sie läuft, so schnell es geht, den Weg entlang. Eigentlich watschelt sie aber wie eine Ente, denn die Schokoraspel kleben zwischen ihren Zehen.

Dann hat sie es geschafft! Sie erreicht den kreisrunden Platz und staunt: Wie Tortenstücke liegen dort sechs Kinder auf dem Boden und schlafen. Mit weit geöffneten Mündern, als ob sie beim Zahnarzt wären.

Ein großer alter Baum streckt seine langen Äste über den Kindern aus. Wenn ein Windhauch kommt, regnen Bonbons von ihnen herab, direkt in die Münder der Kinder hinein. Es müssen schnell schmelzende Schokobonbons sein, sonst würden sich die Kinder ja verschlucken.

Gwendolina betrachtet die Kinder aus der Nähe, eins nach dem andern. Sie findet, sie sehen blöde aus mit ihren offenen Mündern. Und wenn sie ganz nah rangeht, dann entdeckt sie sogar den einen oder andern schwarzen Zahn. Igitt! Die Kinder haben Hexenzähne!

Gwendolina will sie nicht mehr anschauen und außerdem ist ihr schon schlecht von all den Schokoraspeln und dem ollen Weihnachts-marzipan. Es ist doch gar kein Weihnachten!

Gwendolina möchte jetzt nach Hause. Der Schokoraspelweg sieht aber noch viel länger aus als auf dem Hinweg.

Sie fängt zu weinen an. Da fällt ihr ein, dass sie ja stark und mutig ist und nichts und niemanden braucht. Die Tränen kullern trotzdem weiter.

In letzter Not senkt sich zum Glück vor ihr der fliegende Teppich aus dem Märchenbuch. Nur ist er jetzt mit tausend farbigen Zucker-perlen bestickt. Ob der sie trägt? Hoch oben in der Luft geht's lustig zu. Die schönsten Schäfchenwolken sind zum Greifen nah und

kleine Windböen spielen mit Gwendolinas langen Haaren. Sie lacht und rudert mit den Armen. Sie merkt gar nicht, wie sich ein, zwei, drei, viele Vögel nähern. Jetzt haben die Vögel was zu lachen, denn Zuckerperlen sind ihr Lieblingsfutter ...

Am nächsten Abend schlüpft Gwendolina unter ihre Decke. Als ihre Mutter kommt, um ihr und den Stofftieren Gute Nacht zu sagen, ruft Gwendolina in die Runde: »Heut Abend wird nicht mehr gespielt! Es ist jetzt nämlich Schlafenszeit. Mama, liest du uns etwas vor?«

Mama stutzt kurz und beginnt dann die Geschichte vom kleinen Bären vorzulesen, der keinen Winterschlaf halten möchte, und Gwendolina fallen schon bald die Augen zu.

Wie Prinz Theo den wilden Drachen zähmte

Erzählt von Luise Holthausen
Illustriert von Sabine Legien

Prinz Theo hatte vier Brüder und alle waren älter als er. Deswegen trauten sie ihm auch alle vier nichts zu. Wenn er bei einem Ritterturnier mitmachen wollte, sagten sie: »Nein, dafür bist du noch zu klein.« Wenn er als Mutprobe die Burgzinnen emporklettern wollte, sagten sie: »Nein, dafür bist du noch zu klein.« Und wenn er mit auf Trolljagd gehen wollte – immer, immer, immer sagten sie nur: »Nein, dafür bist du noch zu klein.«

Ihr Vater, der König, war viel unterwegs, und jedes Mal, wenn er von einer Reise ins Schloss zurückkehrte, brachte er seinen fünf Söhnen ein tolles Geschenk mit.

Diesmal war das Geschenk schwarz mit feuerroten Sprenkeln. Es zischte und zerrte an den Ketten, mit denen es gefesselt war.

»Ein Drache!«, riefen die fünf Prinzen begeistert.

»Ich will ihn zähmen«, sagte Prinz Theo sofort.

»Nein, dafür bist du noch zu klein«, riefen seine vier Brüder im Chor. Und Ludwig, der älteste von ihnen, fügte hinzu: »Ich werde dieses Ungeheuer als Erster bezwingen und auf ihm reiten!«

Bei diesen Worten hob er drohend sein Schwert und ging auf den Drachen zu. Der fauchte und schleuderte ihm eine Stichflamme entgegen, sodass Ludwig zurücktaumelte.

»Lass mich es versuchen!«, rief Karl-Otto, der zweitälteste Bruder, und zog sein Schwert. Aber auch er kam nicht weit, denn wieder fauchte der Drache und schleuderte eine Stichflamme. Genauso erging es dem dritten und dem vierten Bruder.

»Jetzt bin ich dran«, versuchte Theo es noch einmal.

»Nein, dafür bist du noch zu klein«, schallte es ihm vierstimmig entgegen. Dann steckten die Brüder die Köpfe zusammen und berieten sich.

»Wir müssen dem Drachen das Maul zubinden, damit er kein Feuer mehr spucken kann«, schlug Ludwig vor.

»Aber bevor wir das machen können, hat er uns doch schon gebraten«, wandte Karl-Otto ein.

So redeten sie hin und her und achteten gar nicht mehr auf ihren kleinen Bruder.

Theo nutzte die Gelegenheit und näherte sich heimlich dem Drachen. Der rollte mit den Augen und ließ ein paar Dampfwölkchen zwischen den Zähnen hervorqualmen.

»Guten Tag, Herr Drache«, grüßte Theo ihn höflich. Woraufhin der Drache sich vor Überraschung am Qualm verschluckte und husten musste.

Erst jetzt merkten die vier Brüder, was Theo vorhatte. »Zurück!«, schrien sie.

Aber Theo sprach unbeirrt weiter: »Ich heiße Theo und möchte gerne auf dir reiten. Darf ich, Herr Drache?«

Da hörte der Drache auf zu qualmen und sprach mit geheimnisvoll klingender Stimme: »Dann komm her und steig auf, Kleiner. Vorher musst du mir allerdings meine Fesseln abnehmen.«

»Nein, Theo, das ist ein Trick!«, schrien die Brüder. »Wenn du das tust, wird er uns alle fressen!«

Doch Theo hörte nicht auf sie. Schnell löste er die Ketten von den Beinen des Drachen.

Die vier Prinzen hielten vor Entsetzen den Atem an. Würde der Drache sich nun auf ihren kleinen Bruder stürzen und ihn als Vorspeise verschlingen? Um anschließend sie alle vier als Hauptspeise zu rösten?

Doch inzwischen war Theo in aller Ruhe auf den schuppigen Rücken geklettert. Es bereitete ihm etwas Mühe, weil er so klein war, aber der Drache hielt die ganze Zeit still. »Wo soll's denn hingehen, Kleiner?«, fragte er.

»Einmal rund ums Königreich herum«, wünschte sich Theo.

»Dann halt dich gut fest.« Der Drache breitete seine Flügel aus und erhob sich in die Lüfte.

»Jippiejeh!«, jubelte Theo. So hoch oben war er noch nie gewesen. Noch nicht einmal damals, als er auf den höchsten Baum im Schlosspark geklettert war, noch bevor seine großen Brüder »Nein, dafür bist du noch zu klein« hatten sagen können.

Aber diese großen Brüder sahen von hoch oben gar nicht mehr so groß aus. Sie sahen sogar ziemlich klein aus. Geradezu winzig. Nur ihre sprachlos offen stehenden Münder, die wirkten sogar aus dieser Entfernung riesig.

»Sag mal, Herr Drache«, rief Theo, »warum darf eigentlich ich auf dir reiten und meine Brüder dürfen es nicht?«

»Das ist doch völlig klar, Kleiner. Weil du mich gefragt hast natürlich«, antwortete der Drache.

Da lehnte Theo sich zufrieden zurück und genoss seinen Flug.

Das Wolkennetz

Erzählt von Christine Merz
Illustriert von Liliane Oser

Die Spinnenkinder in der Spinnenschule hatten fleißig geübt. Denn heute sollte die erste Spinnenprüfung stattfinden. Jedes Spinnenkind sollte zeigen, was es gelernt hatte und ob sie es schafften, ein eigenes Netz zu spinnen. Ein schönes, aber auch praktisches Netz sollte es sein, mit dem man eine Mücke würde fangen können.

Die kleine Spinne saß an ihrem Platz und träumte. Sie träumte für ihr Leben gern. Als sie hörte, dass sie ein Netz spinnen sollte, lächelte sie. Sie würde sich ein wunderschönes Netz weben – da war sie sicher.

Dann ging es auch schon los. Die Spinnenlehrerin ging mit der Klasse in den Garten vor dem Haus und verteilte die Plätze. Hoffentlich bekomme ich nicht die wackelige Sonnenblume, dachte die kleine Spinne. Und sie hatte Glück. Sie sollte ihr Netz am Gartenzaun bauen. Das war leicht und die kleine Spinne begann, vorsichtig und wie sie es gelernt hatte, den Faden am Zaun zu befestigen. Sie spann fünf weitere Fäden und dann noch einen Querfaden. Die kleine Spinne krabbelte auf den obersten Faden und betrachtete ihr Werk: Das halbe Spinnennetz sah aus wie eine Hängematte.

»Toll«, sagte die kleine Spinne. »Da muss ich mich gleich mal reinlegen!« Und sie legte sich in ihre Spinnennetz-Hängematte und schaukelte sanft hin und her und betrachtete dabei den blauen Himmel. Dort gingen gerade ein paar weiße Schäfchenwolken spazieren.

»Wie schön!«, seufzte die kleine Spinne und träumte sich hinauf auf die Himmelswiese. Die großen und kleinen Himmelsschafe kamen im Traum angelaufen und freuten sich über den Besuch. Sie staunten über die acht Beine der kleinen Spinne und wollten wissen, wie sie das mit dem Spinnennetz machte.

»Ich zeig es euch gern«, sagte die kleine Spinne. »Aber ich brauche etwas, woran ich den Faden festzurren kann!«

Da bauten die Himmelsschafe aus dicken bauschigen Wolkenkissen einen halbhohen Turm. Und daneben noch mal einen. Die kleine Spinne setzte sich darauf und spann einen langen Faden von einem Wolkenturm zum anderen und wieder zurück. Sie sauste rundherum, hin und her, kreuz und quer und spann das kunstvollste Netz, das man sich vorstellen kann. Die Himmelsschafe standen darum herum und staunten.

Zum Schluss klatschten sie lange Applaus. Da war die kleine Spinne sehr stolz. Genau in diesem Augenblick wurde sie in der Hängematte aus ihren Träumen gerissen.

Die Lehrerin stand mit der ganzen Spinnenklasse vor dem Netz der kleinen Spinne. So etwas hatten sie noch nicht gesehen. Ihre Netze waren alle rund oder achteckig – das der kleinen Spinne sah aus wie ein Schiffchen und hatte gerade mal sieben Fäden. Die Lehrerin zwickte die kleine Spinne freundlich in eins ihrer Spinnenbeine und sagte: »Wir wollen dein Netz anschauen, kleine Spinne. Bist du denn damit schon fertig?« Die kleine Spinne, die noch den Applaus der Himmelsschafe im Ohr hatte, nickte. »Ein hübsches Netz!«, erwiderte die Lehrerin. »Nur wirst du damit keine Fliege fangen können!«

»Das macht mir nichts!«, sagte die kleine Spinne. »Es ist zum Träumen und zum Schaukeln da! Zum Fliegenfangen baue ich mir ein anderes!«

Das gefiel der Lehrerin. Die anderen Spinnenkinder wollten die Spinnennetz-Hängematte unbedingt auch einmal ausprobieren. Da legte sich eines nach dem anderen hinein und ließ sich hin- und herschaukeln.

Der Tag war fast vorbei, als die kleine Spinne wieder an die Reihe kam. Sie kuschelte sich in ihr Schaukelnetz und der Abendwind wiegte sie sanft in den Schlaf.

Prinzessin und ihr Bruder Frosch

Erzählt von Tina Blase
Illustriert von Lisa Rammensee

Prinzessin und ihr Bruder Frosch streiten oft und viel. Auch jetzt geht es schon wieder los. Prinzessin ist mit Aschenputtel, Schneewittchen und den anderen Mädels auf dem königlichen Bolzplatz verabredet. Aber wieder einmal kann sie ihren goldenen Ball nirgends finden.

»Frosch, hast du meinen Ball genommen?«, ruft Prinzessin.

»Nö«, quakt ihr Bruder und schaut nicht mal von seiner Eisenbahn auf.

Prinzessin kniet sich vor ihn hin und stoppt mit einem Finger den Zug. »Frosch, wir brauchen den Ball. JETZT! Die anderen warten schon.«

Endlich schaut Frosch sie an. »Zpielt ihr wieder Fuzball? Darf ich mitzpielen?«, lispelt er.

Prinzessin rollt genervt die Augen. »Sag mir erst, wo der Ball ist.«

Frosch springt auf und hüpft zu seinem Bett. Der Ball liegt gut versteckt unter seiner zusammengeknüllten Decke.

Prinzessin stemmt die Arme in die Hüften. »Das ist MEIN Ball, du sollst ihn mir doch nicht immer wegnehmen!«

»Aber er izt zo zön, ich wollte ihn mir nur mal angucken«, verteidigt sich Frosch.

Ohne zu antworten, schnappt Prinzessin sich den Ball und läuft aus dem Zimmer. Frosch folgt ihr auf dem Fuß. Prinzessin versucht ihn abzuschütteln. »Du kannst nicht mitspielen, du bist zu klein«, sagt sie. Doch obwohl Frosch so klein ist und immer nur hüpft, kann er erstaunlich schnell sein. »Ich will aber! Bitte, bitte, bitte!«

Es kommt, wie es immer kommt. Aschenputtel, Schneewittchen und die anderen Mädels haben einfach ein zu weiches Herz. Sie finden Frosch »zuckersüß!« und haben Mitleid mit ihm. Prinzessin knirscht mit den Zähnen. »Also gut.«

Es geht los, Prinzessin hat Anstoß. Sie kickt den goldenen Ball in einem schönen hohen Bogen in Richtung Tor. Dornröschen nimmt den Ball an und rennt damit weiter. Rapunzel steht vor dem Tor bereit. »Dornröschen, gib ab!«, ruft sie. Doch Frosch hüpft vor Rapunzel auf und ab und versperrt den Weg. Prinzessin rennt nach vorne, so schnell sie kann. Dornröschen schießt den Ball zu ihr, Prinzessin holt aus, nimmt das Tor ins Visier und ... In dem Moment heult Frosch schrill auf. »Autzi, mein Bein! Daz tut zo we-e-eh!«

Alle bleiben stehen und schauen zu Frosch, der sich auf dem Boden windet und sich den Fuß hält. Rapunzel kniet neben ihm und reibt sich den Kopf. Sie ist ganz rot im Gesicht. »Er ist mir auf den Zopf getreten«, sagt sie kleinlaut. »Da bin ich auf ihn draufgefallen. Es tut mir leid, Frosch.«

»Autziiiiii!«, heult Frosch und schluchzt jämmerlich.

Prinzessin geht zu Frosch, um sich den Fuß anzusehen. Nichts gebrochen, nur ein blauer Fleck. Nachdem sie kräftig gepustet hat, weint Frosch schon gar nicht mehr. »Ich hab doch gesagt, du bist zu klein. Jetzt setzt du dich erst mal an den Rand. Du bist nur noch Ersatzspieler«, bestimmt Prinzessin. Sofort heult Frosch wieder wie am Spieß. Jetzt kommt ihre Mutter, die Königin, angelaufen. »Was ist denn passiert?«, ruft sie besorgt. Sie eilt zu Frosch und zieht ihn auf ihren Schoß.

Frosch weint bitterlich. Er hebt einen zittrigen Finger und zeigt auf Prinzessin. »Zi will m-m-mich n-n-nie mitpielen lazzen!«

»Habt ihr mich wieder erschreckt! So geht das nicht weiter«, schimpft die Königin. Mit Frosch im Arm stapft sie davon, und obwohl Frosch sich windet und strampelt, hat er keine Chance, sich aus ihrem Griff zu befreien.

Als Prinzessin ein paar Stunden später verschwitzt und voller Grasflecken ins Schloss zurückkehrt, warten der König und die Königin schon mit ernster Miene auf sie. Sie muss sich zu Frosch auf die Kinderbank neben dem Thron setzen und artig die Hände falten. Dann werden die drei Feen hereingerufen.

»Wir brauchen eure Hilfe«, erklärt die Königin. »Diese beiden« – sie zeigt auf Prinzessin und Frosch – »stiften ständig Unruhe im ganzen Land. Der König, ich und alle Untertanen leiden schrecklich darunter. Wir müssen endlich den Frieden wiederherstellen.« Der König nickt, nimmt die Krone ab und zeigt auf die grauen Haare auf seinem Kopf.

Die Feen schauen Prinzessin und Frosch nachdenklich an. Dann sagt die erste Fee: »Wir lassen Prinzessin in einen Zauberschlaf sinken, für 100 Jahre mindestens. Dann habt ihr Ruhe.« Sie hebt schon ihren Zauberstab, da schubst sie die zweite Fee zur Seite. »Bruder und Schwester müssen gemeinsam in die Welt hinausziehen und dürfen erst zurückkehren, wenn sie sich vertragen haben. Aber ihr dürft ihnen kein Geld oder Essen mitgeben!«, verkündet sie. »Quatsch! Die beiden müssen gegeneinander wettkämpfen«, sagt die dritte Fee. »Und der Verlierer darf nie mehr streiten. Ganz einfach!«

»Von wegen einfach«, seufzt die Königin. Sie schaut den König an. »Nun sag du doch auch mal was!«

»Ich bin für die Reise«, sagt der König.

»Viel zu gefährlich!«, rufen die Königin und die dritte Fee gleichzeitig.

»Dein alberner Wettkampf ist doch viel gefährlicher!«, ruft die zweite Fee beleidigt. Und schon streiten sie alle miteinander, König und Königin und die drei Feen.

Prinzessin und Frosch sitzen dabei und schauen zu. Die warme Sonne scheint durchs Fenster genau auf ihre Bank.

»Ich wünzte, ich könnte zwimmen gehen«, sagt Frosch leise.

Prinzessin flüstert: »Wunsch erfüllt.« Sie nimmt seine Hand und zusammen schleichen sie sich aus dem Saal, aus dem Schloss und in den Park. Dort werfen sie ihre Kleider von sich und springen in den Seerosenbrunnen. Und dann planschen und spielen sie miteinander und es gibt nicht mal Streit um Prinzessins goldenen Ball. Als aber der König und die Königin aus dem Fenster schauen und ihre Kinder so sehen, schicken sie die drei Feen nach Hause.